Ildefons M. Fux OSB

Victor Qvia Victima
Wie man einen Bischof
zu Fall bringt

+ M Card Gröer OSB

Ildefons M. Fux OSB

Victor Qvia Victima

Wie man einen Bischof zu Fall bringt

Patrimonium-Verlag 2015

Impressum

Copyright © 2015
Patrimonium-Verlag
In der Verlagsgruppe Mainz
Alle Rechte vorbehalten
Printed in Germany

Erschienen in der Edition »Patrimonium Historicum«

Patrimonium-Verlagsbüro Abtei Mariawald
52396 Heimbach/Eifel
www.patrimonium-verlag.de

Gestaltung, Druck und Herstellung:
Druck & Verlagshaus Mainz GmbH
Süsterfeldstraße 83
52072 Aachen

Abbildungsnachweise
Umschlag u. nicht-paginierte Seite 2: »H. H. Groër«, Privatarchiv d. Verfassers

ISBN-10: 3-86417-040-0
ISBN-13: 978-3-86417-040-9

INHALTSVERZEICHNIS

VORWORT

Mehrere Teilabschnitte der Biographie Hans Hermann Groërs (1919–2003) liegen bereits gedruckt vor: Seine Kindheit und Jugend und damit verbunden sein Weg zum Priestertum, die »Hollabrunner Jahre«, sein Leben und Wirken in Maria Roggendorf, seine Erwählung zum Nachfolger Kardinal Königs in Wien – »Der unerwartete Erzbischof« –, nicht zuletzt eine Darstellung seiner ersten Bischofsjahre unter dem Titel: »Aufbau im Widerstand« (Wien 2013). Sein bischöfliches Regieren in den Jahren 1990 bis 1994 soll Thema einer späteren Veröffentlichung sein.

Wenn die vorliegende Studie sich sogleich dem Schicksalsjahr 1995 zuwendet, dann geschieht dies aufgrund der besonderen Bedeutungsschwere dessen, was der Untertitel: »Die erste Kampagne gegen Groër« andeutet und gelegentliches Aufflammen von negativen Emotionen auch zwölf Jahre nach seinem Tod mit sich bringt. Es scheint notwendig, der Öffentlichkeit jene Informationen zugänglich zu machen, die aus dem unerfreulichen Diskurs von Behauptung und Gegenbehauptung heraus führen können und den wissenschaftlichen Ansprüchen seriöser Geschichtsschreibung wenigstens im Grundriss genügen. Was zählt, sind die nachprüfbaren Argumente. Deshalb: »Tolle, lege«. Die Bewertung bleibt dem Leser überlassen.

Die Ereignisse des Jahres 1995, deren Darstellung mit den »Iden des März« beginnt, haben selbstverständlich ihre Vorgeschichte und ihr Umfeld, ihre Vorbereitung und die Einbettung in jenen »Mainstream«, der trägt und »mitreißt« und dessen Präsentierung umfassende Recherchen nötig machte. Die von Anfang an gegebenen Aversionen gegen Groër fanden dann in dessen Treue zum päpstlichen Lehramt, insbesondere auf dem Sektor der Moraltheologie und der Ehepastoral gewaltige Schubkraft; der »römischen Epistel« über den Kommunionempfang der wieder verheirateten Geschiedenen (14. September 1994) kam dann die Funktion des Auslösers zu.

Vorliegende Schrift trägt den Titel: »Victor qvia victima«, und dies in Anlehnung an eine Bemerkung des hl. Augustinus in den Confessiones (X,43,69). Der Hirte wurde geschlagen und ist doch Sieger geblieben, da er sich allem Druck innerhalb und außerhalb der Kirche nicht beugte und dies ebenso wenig wie »sein« Papst Johannes Paul II. Doch dies setzt wiederum das Erkennen von »Gottes Hand in der Geschichte« voraus, denn letztlich »lesen« wir da in einem wiederum neuen Kapitel über die Auseinandersetzung von Glaube und Unglaube, vom »Herrn der Geschichte« und vom »Fürsten der Welt«.

Kursiv Gesetztes ist Zitat und direkt der jeweiligen Quelle entnommen. Die schriftlichen und gedruckten Quellen sind dabei vorrangige Referenz; mündliche Mitteilungen und Selbst-Erlebtes des Autors fand nur selten Verwendung. So ist nun eine Fülle von Material und an Information dem Leser zugänglich. Es wird dessen Aufgabe sein, sich das Urteil zu bilden.

Allen, die dem Verfasser ihr Gebet oder das ermutigende Wort geschenkt haben, allen, die im äußeren Bereich sich hilfreich zeigten, gilt aufrichtiger und herzlicher Dank, nicht zuletzt dem Mentor des Autors, Univ. Prof. em. DDr. Gerhard B. Winkler OCist., Wilhering. Maria Roggendorf, 1. März 2015

P. Dr. Ildefons M. Fux OSB

VICTOR QVIA VICTIMA
Die erste Kampagne gegen Groër 1995

Da schrien sie alle miteinander: Weg mit ihm! (…)
Zum dritten Mal sagte er zu ihnen:
Was für ein Verbrechen hat er denn begangen?
Ich habe nichts feststellen können, wofür er den Tod
verdient. (…)
Sie aber schrien und forderten immer lauter,
er solle Jesus kreuzigen lassen,
und mit ihrem Geschrei setzten sie sich durch.
(VGL. LK 23,18.22F.)

DIE IDEN DES MÄRZ

Wir nähern uns dem bedeutungsschweren Datum, da die Anklageerhebung gegen Kardinal Groër öffentlich wird. Dies entspricht der Logik der Welt, nicht minder aber auch der Logik Gottes, was freilich den Glauben an den Herrn der Geschichte und an seine wirkmächtige Präsenz im Leben der Kirche und des Jüngers Christi voraussetzt. Das Licht des Glaubens lässt erkennen, dass der Tod Jesu nicht als isoliert zu betrachtender Unfall zu verstehen ist, sondern als (vorläufiger) Ziel- und Endpunkt einer langen, sich ständig steigernden Entwicklung – »tota vita Christi crux et passio, das ganze Leben Christi ist Kreuz und Leiden«[1] –, so wird man auch den Märztagen 1995 im Leben des Kardinals nur gerecht, wenn man sie im großen Zusammenhang der Vorsehung Gottes und ebenso der Vernichtungsstrategie des Widersachers zu interpretieren sucht. Vom Teufel sagt Jesus, dass er ein Mörder sei und zwar *von Anfang an*, und dass es in ihm keine Wahrheit gebe (vgl. Joh 8,44).

Eine chronologische Übersicht soll das Verständnis erleichtern:

1. März   Erzbischof Eder beruft den Chefredakteur
Ascher-   des Rupertusblattes ab[2].
mittwoch.

---

1   Vgl. THOMAS VON KEMPEN, Nachfolge Christi II,12,34
2   Kathpress, 1. März 1995, S. 13

4. März	Groër weiht die Pfarrkirche »St. Cyrill und Method« in Wien-Floridsdorf[3].
5. März *Erster Fas-* *tensonn-* *tag.*	Das »Hirtenwort zum Beginn der österlichen Bußzeit 1995« soll in allen Gottesdiensten verlesen werden: *Die Wurzel fast aller Übel, die der Einzelne wie die Gesellschaft erleiden, ist letztlich immer die Sünde: Aus dem Innersten des Menschen, aus seinem Widerspruch gegen die gottgegebene Ordnung kommt alles Unrecht, es führt nicht zur Freiheit, sondern zur Knechtschaft...*[4]
	Die »Johannes-Brüder« in Marchegg werden offiziell in die Erzdiözese Wien aufgenommen und erhalten das Niederlassungsrecht[5].
	Bischof Krenn erklärt vor dem Kiwanis-Club im Hinblick auf den Kommunionempfang der wiederverheirateten Geschiedenen: *Ich kann einem kranken Menschen nicht sagen, dass er gesund ist*[6].
7. März	Krenn entzieht Dozent Dr. Schmatz die Lehrbefugnis an der Philosophisch-Theologischen Hochschule St. Pölten[7].

---

3   Kathpress, 7. März 1995, S. 7
4   Dieser Hirtenbrief im Umfang von zwei Seiten und mit dem 27. Februar datiert ist weder im Diözesanblatt noch in der Wiener Kirchenzeitung abgedruckt, sondern wurde gesondert an die Pfarrer und Kirchenrektoren verschickt.
5   Kathpress, 7. März 1995, S. 9
6   Kathpress, 5. März 1995, S. 8
7   Kathpress, 8. März 1995, S. 5

Groër schreibt im Hinblick auf die wiederverheirateten Geschiedenen an die Priester der Erzdiözese[8].

»In der zweiten Märzwoche« wendet sich
Josef Hartmann an das Magazin »Profil«
unter Hinweis auf den Fastenhirtenbrief
Groërs und auf die gemeinsam mit Chefredakteur Josef Votzi verbrachte Schulzeit
im Knabenseminar Hollabrunn[9].

10. März	Groër hält das Requiem für den † Bi-schofsvikar P. Josef Zeininger OSFS[10].
11. März	P. Udo Fischer erklärt in der ORF-Sen-dung »Schiejok täglich«, dass er auch den wiederverheirateten Geschiedenen die Kommunion reiche. Der Kardinal hält den Rekollektionsnach-mittag für die Geistlichen Schwestern der Erzdiözese Wien.
11./12. März	Der Linzer Pastoralrat beschließt ein-stimmig, an der bisherigen *verantwort-lichen Praxis* in der Frage des Kommu-nionempfanges der wiederverheirateten Geschiedenen festhalten zu wollen[11].
13. März	Der Kardinal leitet die 300. Monatswall-fahrt in Maria Roggendorf. In seinen Pre-digten spricht Groër über das »Fiat« des hl. Josef. 2.000 Pilger waren gekommen[12].

---

8   Kathpress, 8. März 1995, S. 5
9   Vgl. Kurier, 28. März 1995, S. 24
10   Kathpress, 11. März 1995, S. 3f.
11   Kathpress, 14. März 1995, S. 6
12   Kathpress, 15. März 1995, S. 3

	Udo Fischer hält einen Vortrag im Klagenfurter Konzerthaus zum Thema »Linker Jesus – rechte Kirche«.
14. März	Udo Fischer spricht Krenn ab, katholisch zu sein. In einer Unterschriftenaktion erklären nicht wenige Priester der Diözese St. Pölten, sie wollten selbst entscheiden, welche Anordnungen und Weisungen des Bischofs sie befolgen möchten. Die Hirtenbriefe Krenns würden nicht mehr vorgelesen, der Name des Papstes und des Bischofs in den Hochgebeten der hl. Messe nicht mehr genannt werden. Sollten Mitbrüder aus ihren Ämtern entfernt werden, werde man sie bestärken zu bleiben; und bei der »Missa chrismatis« in der Karwoche würden sie nicht teilnehmen, sondern draußen auf dem Domplatz schweigend stehen[13].
17. März	Hubert Wachter und Alfred Worm verbreiten im Magazin »News« ihre Vermutungen über die Bischofsnachfolge in Wien – der ORF übernimmt diese Spekulationen – und nennen dabei die Namen Krenn, Kapellari und Paarhammer. (Helmut Schüller sei Kandidat für das Amt eines Weihbischofs.)[14]
18. März	Groër hält die Exequien für den † Bischof von Eisenstadt DDr. Stephan László[15] und

13 Die Presse, 15. März 1995, S. 8. – Kurier, Ausg. NÖ., 15. März 1995, S. 7
14 Kathpress, 17. März 1995, S. 2f.
15 Kathpress, 21. März 1995, S. 2f.

	nachmittags die Allocutio im Senatus-Treffen der Legion Mariens[16].
19. März	Krenn bestätigt die Statuten der »Gemeinschaft vom hl. Josef« in Kleinhain.
21. März	Groër hält das Pontifikalamt in Altenburg anlässlich des 850-Jahr-Jubiläums des Stiftes.
22. März	An diesem Mittwoch hört der Kardinal nachmittags die Beichten der Zisterzienserinnen in Marienfeld, denen er zuvor den üblichen »Sermon«, die Konventansprache, hält:

Sich verleugnen und sein Kreuz auf sich nehmen. Es ertragen und Ihm nachtragen, solange man nicht vollkommen und verherrlicht ist. Man trägt es nicht irgendeinem Christus nach, sondern dem Lamm Gottes, das für die Sünden aller Menschen Sühne leistet. Wir sollen bestrebt sein, nicht nur selbst möglichst rein und heilig zu werden, sondern auch für die anderen; und alles tragen im Bewusstsein, dass Christus schon der Sieger ist!

Josef Hartmann gibt Votzi das entscheidende Interview.

Als Groër nach Wien heimkehrt, findet er ein Fax des Chefredakteurs des Magazins »Profil« vor, das um 16.53 Uhr eingetroffen war. Darin teilt Josef Votzi mit, dass sich ein ehemaliger Zögling des Knabenseminars Hollabrunn in der Redaktion

---

16 Über die Hydra des Stolzes: *Wir sehen heutzutage diese vielköpfige Schlange überall am Werk.*

gemeldet und den Vorwurf des sexuellen Missbrauchs erhoben habe. *Groër hat mich sexuell missbraucht.* Dieser habe ihn wiederholt zu Zungenküssen genötigt, sich auf seinen Schoß gesetzt und ihn in seine Duschkabine gelockt. Dabei sei sein Kopf hochrot gewesen. Und Votzi schloss mit den Worten: *Ich darf Sie auch in Ihrem Interesse ersuchen, zu diesen Vorwürfen telefonisch oder schriftlich Stellung zu nehmen. Da unser Redaktionsschluss mit Freitag determiniert ist, darf ich Sie um Ihre Stellungnahme bis spätestens Freitag, 24. 3. 1995, um 11 Uhr ersuchen. Josef Votzi*

24. März	Kardinal Vlk aus Prag zu Besuch in Wien. Groër leitet vormittags die routinegemäße Sitzung des Bischofsrates und anschließend jene des diözesanen Wirtschaftsrates. Am Abend nimmt er am Festakt »30 Jahre ›Pro Oriente‹« in der Wiener Universität teil[17]. – (Am 24. März 2003 wird der Kardinal seine Augen für immer schließen.)

---

17 *Während wir in würdiger und dennoch gelöster Atmosphäre am Pro-Oriente-Jubiläum teilnehmen durften, waren offensichtlich bereits ganz andere Mächte am Werk. Aber noch schrecklicher ist mittlerweile der Verdacht, dass es ihnen nicht um die Person, sondern um die Institution zu gehen scheint...* Richard Kerschhofer an Groër, 31. März 1995. – Groërs Antwort: *Damals hatte ich das Schlusswort zu sprechen, leider schon in Kenntnis der ›Giftquelle‹ und deren Wirkung. Gottlob konnte ich mit meinem kurzen Wort die ermüdende Abendfeier zu einer doch eher fröhlichen Agape ›überleiten‹....* 28. April 1995

25. März – Samstag, Hochfest »Verkündigung des Herrn«	Um 11.30 Uhr fährt der Kardinal nach Salzburg zur Bischofsweihe von Universitätsdozent Dr. Andreas Laun[18]. In den Nachrichtensendungen dieses Tages wiederholt der ORF beinahe stündlich, *dem Erzbischof von Wien werde vorgeworfen, dass ...* Zugleich wird auf die am Montag, den 27. März, erscheinende Ausgabe des »Profil« verwiesen.
	An diesem Samstag wird in Rom die Enzyklika »Evangelium vitae« über den Wert und die Unantastbarkeit des menschlichen Lebens veröffentlicht.
26. März 4. Fastensonntag.	Groër predigt bei der Acies-Feier der Legion Mariens in der Kirche Maria am Gestade.
	Die beiden Weihbischöfe Schönborn und Krätzl veröffentlichen eine Erklärung, in der alle Anschuldigungen entschieden zurückgewiesen werden: *Seit der Zeit des Nationalsozialismus, als Priesterprozesse unter dem Vorwand homosexueller Verfehlungen geführt wurden, hat es in Österreich derlei Verleumdungspraktiken gegen die Kirche nicht mehr gegeben ...*[19]
27. März	Dechantenkonferenz Wien-Stadt.
	Die Druckausgabe des »Profil« erscheint und ist bald vergriffen.
	Am Abend wird im ORF (ZiB 2) ein »Runder Tisch« gesendet mit den Teilnehmern Dr. Lueghammer, P. Sporschill SJ, J. Hartmann

---

18 Kathpress, 27./28. März 1995, S. 4f.
19 Kathpress, 28. März 1995, S. 2

und H. Czernin. Dabei tituliert Hartmann Josef Votzi mit den Worten *Mein Chefredakteur*[20] und am 20. April wird er in einer Talk-Show Schreinemakers im deutschen Fernsehen seine *lieben Kollegen in der Profil-Redaktion* herzlich grüßen[21].

28. März   Der Kardinal zelebriert um 5 Uhr früh die hl. Messe und hält dann den vorgesehenen Sprechtag: am Vormittag für die Laien, am Nachmittag für die Priester. Das erzbischöfliche Sekretariat veröffentlicht eine erste Stellungnahme, in der Lynchjustiz und Mediengerichtsbarkeit zurückgewiesen werden.

---

20 News, 30. März 1995, S. 16
21 *Meine lieben Kollegen in der Profil-Redaktion, die ich herzlich grüßen möchte.* DVD-Aufnahme

DER KAMPAGNE ERSTER TEIL

Der Gang in die Öffentlichkeit bzw. der publizistische Angriff wurde nicht von der Druck-Ausgabe des »Profil« vorgetragen, sondern durch den ORF. Rundfunk und Fernsehen brachten die Anklage als Spitzenmeldung ab Freitag abends in beinahe stündlicher Wiederholung. Das war insofern klug, denn hätte der »Mann auf der Straße« unvorbereitet das »Profil« am Kiosk gekauft, wäre wohl nicht die erwünschte Breitenwirkung im dann tatsächlichen Ausmaß eingetreten, wenn auch am Sonntag erscheinende Tageszeitungen wie etwa der »Kurier« durch eine Annonce auf das am Montag erscheinende Magazin aufmerksam machten. Auch ist anzunehmen, dass sich die da über Groër und über die Kirche ergießende Flut von Niedertracht und Schmutz bei nicht wenigen als abstoßend und unglaubwürdig erweisen würde. Die Lektüre des gedruckten »Originals« hätte vielen die Augen geöffnet. Dass der Kardinal dazu schweige, wurde vom ORF und seinen Nachrichtensprechern von Anfang an mit kritischem Unterton registriert[22].

Bereits am 25. März griffen die ersten Priester zur Feder, um ihre Empörung über Hartmann einerseits und ihre Treue zu Groër andererseits brieflich zu bekunden. Einer sprach von der *unsichtbaren Kugel des infernalischen Attentates*, das gerade am Hochfest Mariens aus-

---

22 Vgl. zu diesem Abschnitt: Hans Mathias KEPPLINGER, Die Mechanismen der Skandalierung. Die Macht der Medien und die Möglichkeiten der Betroffenen, München ²2005

geübt werde, und spielte damit auf den Mordanschlag vom 13. Mai 1981 auf den Papst an[23]. Ein anderer zeigte sich *erschüttert und erbost über die Frechheit und Unverfrorenheit der österreichischen Massenmedien.* Die Radio- und Fernsehauftritte Josef Hartmanns hätten überdies vielen Menschen klargemacht, wes Geistes Kind er sei[24]. Groër wird ihn später einmal den *armen Hartmann* nennen.

Hartmann, Jahrgang 1957, stammt aus dem Dorf Unterstinkenbrunn, an der Straße von Hollabrunn nach Laa a.d. Thaya gelegen. Sein Vater war Landwirt und versah überdies in der dortigen Pfarrkirche Mesnerdienste. Im Alter von neun Jahren kam er in das Knabenseminar der Erzdiözese und besuchte das Hollabrunner Bundesgymnasium bis zu seiner Matura im Jahre 1975. In der Oberstufe schloss er sich einem Jugendpräsidium der Legion Mariens an und gelangte dabei durchaus zu Ansehen: Am 5. April 1974 wurde er zum Schriftführer der Jugendcuria »Morgenstern« gewählt, in der Eduard (Udo) Fischer Präsident war[25]. Wir lernen ihn auch als eifrigen »Ausbreiter« der Legion Mariens im Waldviertel und in Vorarlberg kennen[26]. Er wird sich nach seiner Matura und der Übersiedlung nach Wien in das Priesterseminar dem »Seminar-Präsidium« in der Boltzmanngasse anschließen. Er steuerte zur »Regina Legionis«, der gesamtösterreichischen Legionszeitschrift, einige Artikel bei – *als Legionäre sollen wir immer wieder darauf achten, uns den Absichten und Plänen Mariens einzufügen*[27]. Als Mitglied des Präsidiums »Hilfe der Christen«

---

23   F. X. Brandmayr an Groër, 25. März 1995
24   Nikolaus Krasa an Groër, 25. März 1995
25   RL 1974, S. 94
26   RL 1975, S. 75f. – Mtlg. B.H.
27   RL 1975, S. 28f.

war ihm das Gedeihen der Patrizierrunde ein wirkliches Anliegen: Wie freute er sich beispielsweise, als das Thema »Der Christ und das Leid« 25 Besucher anlockte[28]!

Doch dann gab er den Gedanken an das Priestertum, das er zuvor angestrebt hatte, das Theologiestudium und die Mitgliedschaft in der Legion Mariens auf und begann an der Hochschule für Bodenkultur ein neues Studium. Nach 14 Jahren gelang es ihm, den Titel eines Diplomingenieurs zu erwerben, doch fiel es ihm schwer, in der Arbeitswelt Fuß zu fassen. Häufige Wechsel des Arbeitsplatzes kennzeichneten seinen Weg. Die Hoffnung, am Aufbaugymnasium Hollabrunn bei dessen Direktor P. Hermann Groër einen Posten zu erhalten, erfüllte sich nicht[29].

Da erhielt er davon Kunde, dass das Pastoralamt der Erzdiözese einen Generalsekretär suche[30]. Ein Curriculum vitae gibt Aufschluss über seinen Werdegang[31]. Dieses sein Bewerbungsschreiben lief am 3. April 1989 im Ordinariat ein[32].

In diesem Lebenslauf erzählt Hartmann von seinem Eintritt in das Hollabrunner Knabenseminar, zu dem ihm sein Vater und sein Heimatpfarrer verholfen hatten. *Unter der Leitung des Rektors Dr. Kurz durfte ich dort eine glückliche Mittelschulzeit verbringen.* Er erwähnt ferner die wöchentlich gehaltenen Glaubensstunden, die unter der Leitung von Prälat Dr. Franz Sotola (1911–1988) standen und den Seminaristen *in un-*

---

28   RL 1976, S. 102
29   Standard, 29. März 1995, S. 6
30   WDBl 1988, S. 82
31   Teilabdruck in der Kronenzeitung, 27. Jan. 1998, S. 25. – Vgl. Gabriele WASTE, Hans Hermann Kardinal Groër. Realität und Mythos, Stadtlohn 2013, S. 168
32   Zl.2183 / 3. April 1989

vergesslicher Erinnerung bleiben würden. Vor allem aber sei die jahrelange Verbundenheit mit Dr. Groër als Religionsprofessor und auch als Geistlicher Leiter der Curia der Legion Mariens *das Fundament für mein Leben geworden und geblieben*. Noch etwas verdanke er dem Seminar: die Weckung seiner musischen Talente, besonders der stimmlichen. Er war Mitglied im Motettenchor, *den Prof. Walter Lehner so hervorragend geleitet hat*.

Die Maturareise ins Heilige Land 1975 sei wunderbar gewesen und dann habe er sich als Alumne des Wiener Priesterseminars in Katholischer Theologie eingeschrieben, doch nach drei Semestern dieses Studium wieder aufgegeben. *Rückblickend glaube ich sagen zu dürfen, dass meine Unsicherheit, den Weg zum Priestertum fortzusetzen, daraus erwachsen ist, dass ich die Geborgenheit, die ich im Kleinen Seminar so wohltuend verspürt habe, im Großen Seminar leider nicht erfahren habe. Gerade aber in dieser ausklingenden Phase meiner Pubertät, in der ich mich mit 18 Jahren damals noch befunden habe, hätte ich ihrer im Besonderen bedurft.*

Hartmann spricht dann vom Studium der Agrarökonomie an der Universität für Bodenkultur in Wien, von seiner Heirat im Jahr 1981, von seiner Tochter, vom plötzlichen und tragischen Tod seines Bruders Herbert[33] und von der Notwendigkeit, für den Lebensunterhalt seiner Familie Sorge zu tragen. So war er zeitweise als Sanitätsgehilfe beim Roten Kreuz (Zivildienst) und dann als Angestellter bei einem Versicherungsbüro[34] beschäftigt. Im Hollabrunner Pfarrleben seien er und

---

33 Die Leiche wurde 1981 in der Donau gefunden. News, 6. April 1995, S. 27

34 Seit Februar 1987 als *Fachmann für Hypothekarkreditfinanzierung* und im Lebensversicherungsgeschäft.

seine Gattin als Lektoren, Firmhelfer und Mitglieder des Kirchenchores fest verankert gewesen. Doch nun hoffe er, seine Kenntnisse und Fähigkeiten der römisch-katholischen Kirche zur Verfügung stellen und der Erzdiözese Wien als Generalsekretär des Pastoralamtes dienen zu können.

Dem ist noch einiges ergänzend hinzuzufügen. Hartmann versäumte es nicht, dem Erzbischof zu dessen Erhebung als Kardinal zu gratulieren, und dies *aus tiefstem Herzen*[35]. Selbstverständlich übermittelte er zu Weihnachten 1988 seine Segenswünsche an Groër[36], und erhielt in der Folge auch einen Besuchstermin. Das motivierte ihn zu einem in herzlichen Worten gehaltenen Dankschreiben: Er sprach da von einer *so angenehmen Zwiesprache* im schönen Palais. *Deine verzeihende Güte*[37] *hat mir so wohl getan*, er könne versichern: *Ich habe in all den Jahren Deine Freundschaft hochgeschätzt und bin immer gelegentlichen Angriffen, die Dir hätten gelten sollen, entschieden entgegengetreten.* Er bedankte sich ferner für das Buch-Geschenk (»Die Rufe von Loreto«) – dieses Buch habe seinen Platz *zur abendlichen Betrachtung am Nachtkästchen gefunden* – sowie für den *wunderbaren Wochen-Spruchkalender zum Marianischen Jahr*, jetzt der *Mittelpunkt unserer Küche*[38]. Bald ergab sich wiederum Gelegenheit zur Danksagung, denn über Intervention Groërs habe er eine *vorübergehende Beschäftigung* im Personal des Domes erhalten. In einem beklagte er aber auch seine Verirrungen, die Torheit seiner Jugend, lobte die Güte

---

35 Eingelangt am 31. Mai 1988
36 Am 23. Dezember im erzb. Sekretariat persönlich übergeben.
37 Das impliziert ein Schuldbewusstsein seinerseits.
38 Dieses Schreiben, o. D., wohl Jänner 1989, ist signiert mit: *In herzlicher alter Freundschaft, Dein Josef Hartmann.*

und das verzeihende Wohlwollen des Kardinals und bereute es, *die höchste Berufung, in der ein Mann Gott dienen kann*, feige ausgeschlagen zu haben. Überaus gewichtig der Schlusssatz: *Eine letzte Bitte wage ich an Dich heranzutragen: Ich möchte Dich wieder um die lange entbehrte Führung meines Herzens durch Dich als Beichtvater bitten und verbleibe in inniger Verbundenheit*[39]… (!)

Hartmann hat den von ihm erstrebten Generalsekretärsposten nicht erhalten, doch noch 1989 konnte er sein Agrarstudium mit einer Diplomarbeit über den »Einsatz von Milchwerbewägen in der österreichischen Milchwirtschaft« beenden[40]. Er fand dann am 1. Dezember 1989 eine Anstellung als Vertragsbediensteter im Landwirtschaftsministerium und freute sich über das gute Verhältnis zu seinem Vorgesetzten, eine Harmonie, *so wie zwischen uns beiden*. Er versicherte, beim täglichen Stundengebet des Kardinals zu gedenken[41].

Doch schon im Herbst 1990 übernahm er pädagogische Aufgaben als Lehrer und Erzieher an der »Höheren Lehranstalt für Umwelt und Wirtschaft« (»ÖKOHLA«) in Ysper. *Die Schule macht mir große Freude, vor allem die fleißigen Kinder*[42]! Schon am nächsten Tag folgten Glückwünsche zum Goldenen Priesterjubiläum des Erzbischofs[43].

Inzwischen erwies sich aber die Schultätigkeit Hartmanns als Fiasko, denn im Personalakt des Landesschul-

---

39 Hartmann an Groër, 18. April 1989
40 Sponsion am 10. November 1989
41 Hartmann an Groër, 17. Dez. 1989
42 Hartmann an Groër, (eingelangt) 8. April 1992
43 *Zu Deinem hohen Festtag gedenke ich an Dich und Deine Treue zu Deiner Berufung. Möge die Gottesmutter Dir weiterhin beistehen.* 9. April 1992 (eingelangt)

rates für Niederösterreich finden sich im Zeitraum von nicht einmal einem ganzen Jahr 15 negative Eintragungen: Beschwerden von Klassensprechern und Schülern, massive Angriffe seitens der Eltern. Im Sommer 1992 erfolgte dann die Kündigung in Form einer Nicht-Verlängerung seines Anstellungsvertrages; unter anderem wurde ihm sexuelle Belästigung zweier Schülerinnen im Rahmen der Internatsaufsicht vorgeworfen[44]. Vorsprachen bei Bischof Krenn und im Landesschulrat blieben erfolglos[45]. Die Hoffnung, eine Anstellung im Hollabrunner Aufbaugymnasium zu finden, erfüllte sich nicht. *Ich habe mir damals gedacht, jetzt könnte zur Abwechslung einmal er* (Groër) *für mich etwas tun, immerhin hatte ich sogar während der Schulferien für ihn gearbeitet* … In Hollabrunn zu wohnen und nach Ysper »auspendeln« zu müssen, schien ihm nicht angemessen.

In der Folge (noch 1992) trat Hartmann aus der Kirche aus[46]. Anstellungen in einer Korneuburger Gärtnerei und an einem oberösterreichischen Bio-Bauernhof waren von kurzer Dauer[47].

Spätestens jetzt stellt sich die Frage: Wusste Hartmann in all diesen Jahren nicht das, was er später zu wissen vorgab? Dass er immer wieder sexuell missbraucht worden sei und Groërs Lustknabe gewesen wäre, dass das alles irrsinnig ekelerregend war mit der Folge eines verklemmten Verhältnisses zur Sexualität? Die in seinen Briefen bis 1992 belegten Aussagen stehen in direktem Widerspruch zu jenen von 1995: Er ist voll Dankbarkeit gegenüber Groër und bittet ihn, doch

44   News, 6. April 1995, S. 26f.
45   Hartmann an Groër, 7. Sept. 1992
46   Salzburger Nachrichten, 30. März 1995, S. 2. – Standard, 29. März 1995, S. 6. – News, 6. April 1995, S. 26
47   News, 6. April 1995, S. 27

wieder sein Beichtvater zu werden. Es bleibt dem Leser überlassen, eine Erklärung dafür zu finden.

Noch etwas sei dem Urteil des Lesers anvertraut. Alfred Worm (1945–2007), der so eifrig und eloquent für »News« tätig war und in so gekonnter Weise gegen Groër geschrieben hat, wird sich am 12. Juni 2001 bei Groër entschuldigen. An diesem Tag wurde der dritte Band der Weltfriedensbotschaften des Papstes, herausgegeben von Nuntius Squicciarini, im Prunksaal der Nationalbibliothek präsentiert. Unter den geladenen Gästen befand sich auch Alfred Worm, der sich beim »small talk« nach dem Abendimbiss und in Gegenwart von Kardinal Schönborn und Bundespräsident Klestil in aller Form bei Groër entschuldigte: Er hätte ja nie daran gedacht, dass aus dem, was er geschrieben hatte, eine derartige Lawine werden würde. Er habe auch nicht wirklich recherchiert, sondern die Beschuldigungen Hartmanns einfach übernommen. Zeuge dafür ist Ing. Hans Brabenetz, Baumeister in Wullersdorf, der Groër ungezählte Male seine Dienste als Chauffeur erwiesen hatte[48].

Im Februar 1994 kam es zur Scheidung der Ehe Hartmanns: *Vermutlich ist meine Ehe auch wegen meiner psychischen Situation gescheitert…* Dafür machte er Groër verantwortlich (*aus sexuellen Gründen*), aber auch deshalb, *weil ich nicht in Hollabrunn arbeiten durfte,* – während andere Kollegen dort sehr wohl Arbeit bekommen hätten[49]. Man wird in der Annahme nicht fehlgehen, dass im Jahr 1994 seine finanzielle Situation alles andere als erfreulich war. Auch als Groër ihm eine Anstellung bei der Domaufsicht verschafft hatte, schied er dort nach kurzem wieder aus. Zu Weihnachten

---

48 Mtlg. H. Brabenetz
49 Standard, 29. März 1995

1994 teilte der *stadtbekannte Sonderling* seiner Mutter mit, dass er seine *Erlebnisse mit Groër* veröffentlichen wolle. Erna Hartmann sei durch ihren Sohn *voll informiert* gewesen[50]. Allerdings: *Überraschend viele* seiner Klassenkollegen können sich seine Darstellung der Ereignisse nicht vorstellen, ja, Johann Hörmann, der jahrelang »Zimmerkollege« Hartmanns im Knabenseminar gewesen ist, gibt an, dass er *nie auch nur das leiseste Anzeichen für einen sexuellen Missbrauch von Josef durch den Kardinal* bemerkt habe[51]. Auch Leopold Mechtler, ein Klassenkamerad Hartmanns, hat nie etwas von »Gerüchten« gehört, ihm sei nie etwas auffällig gewesen: *Der Josef war ein Super-Bursch*[52]! P. Clemens M. Reischl OSB, Prior des Klosters »St. Josef« in Maria Roggendorf, war Mitschüler Hartmanns gewesen und erklärte nun, sofort nach dem ersten Schock den engsten Kollegenkreis von damals angerufen zu haben, *aber keiner hat entsprechende Beobachtungen wahrgenommen*[53]. Und ein anderer schreibt: *Wir alle waren extrem erstaunt, was da ein Herr Hartmann von sich gab …*[54]

Hartmann wird dann am 27. März im Fernsehen (ZiB 2, »Runder Tisch«) erklären, er sei persönlich zutiefst verdemütigt worden, das alles wäre für ihn *irrsin-*

---

50   News, 6. April 1995, S. 27
51   News, 30. März 1995, S. 15
52   Vgl. Täglich Alles, 29. März 1995, S. 7. – Ein Wiener Pfarrer, vormals Zögling in Hollabrunn, zeigte sich in einem Privatbrief entsetzt über das, was man Groër antue: *Jeder, der in Hollabrunn war, kann genau das Gegenteil bezeugen. Nie sonst hätten junge Menschen zu Dir solches Vertrauen gehabt und sich in all den Fragen ihrer Jugend an Dich gewendet* (26. März 1995).
53   Kurier, 2. April 1995, S. 11
54   *Eine unsittliche Berührung wäre uns Fünfen sicher aufgefallen. Nicht einmal ansatzweise war hier etwas zu bemerken…* W. Schauer an F. Zincke, 14. Jan. 2008

nig ekelerregend gewesen, er habe es aber niemandem erzählt, auch nicht seiner eigenen Mutter[55]. Groër wäre ein Frauenhasser[56] und habe ihn damals genötigt ins Priesterseminar zu gehen. Dort sei er im zweiten Jahr in eine Neurose geschlittert.

Schon in den ersten Reaktionen auf die Attacken gegen den Kardinal wurden Vermutungen laut, dass dabei auch Geld eine nicht unerhebliche Rolle gespielt habe. Es wurde der Betrag von zwei Millionen Schillingen genannt, den Hartmann als »Honorar« für seine Dienste erhalten habe. Das bestätigte Groër indirekt, als er in einem Privatbrief von der Hölle sprach, *die zwei Millionen Schillinge zahlte*[57]. Von Bischof Krenn daraufhin angesprochen, wieviel Geld er Hartmann gegeben habe, antwortete Votzi: *Nichts*[58].

In diesem Zusammenhang müssen wir, auf das Jahr 2003 vorgreifend, darauf hinweisen, dass am 19. Februar d.J. ein Forderungsbrief der Anwaltskanzlei »Lansky, Ganzger & Partner« bei Groër einlief, der einen Betrag von 70.000,00 Euro begehrte – als Wiedergutmachung psychischer Beschädigungen des Mandanten Josef Hartmann. Diese Summe sei binnen 14 Tagen fällig, sonst würde an einer gerichtlichen Austragung *kein Weg vorbeiführen*. Man wird später dieses Schreiben einen Erpresserbrief nennen[59]. Im Gespräch mit dem Anwalt Dr. Otto L. Ortner teilte Groër mit, dass er schon vor Be-

---

55 Vgl. WASTE, Groër S. 171–180
56 Profil, 27. März 1995, S. 73
57 An Michael F., 11. April 1995
58 News, 30. März 1995, S. 16
59 Otto L. ORTNER, Die Einheit der Christenheit, Frankfurt a. M. 2015, S. 103. – Bekanntlich ist der Kardinal wenige Wochen später, am 24. März 2003, verstorben. Die Forderung wurde aber mit keiner Silbe beim Universalerben, dem Stift Göttweig, geltend gemacht.

ginn der Ersten Medienkampagne einen Forderungsbrief Hartmanns erhalten, aber nicht beantwortet habe[60]. Wir dürfen annehmen, dass dies bereits im Spätherbst 1994 der Fall gewesen ist und auch im Zusammenhang mit der Aussage Hartmanns gesehen werden muss, er habe *vor Weihnachten 1994* seine Mutter über alles informiert und ihr eröffnet, er wolle seine *Erlebnisse mit Groër* nun veröffentlichen[61]. Zu diesem Zeitpunkt hatte Hartmann bereits Kenntnis und wohl auch Verbindung zu US-amerikanischen Kreisen der Pädophilie-Bekämpfung[62].

Was Groër vom »Profil« hielt, hatte er schon lange zuvor zum Ausdruck gebracht, dass dieses Magazin nämlich *sehr scharf* sei: *Ihr habt mich zerschnitten. Ich bin daher physisch gar nicht in der Lage, ein Gespräch mit euch zu führen*[63]...

Nun schien aber auch das »Profil« selbst nach den erfolgreichen 70er Jahren *schrecklich herabgekommen; es habe seine journalistische Potenz total verloren*[64]. Man sprach von etwa 40 Millionen Schilling Schulden, die das »Profil« belasteten[65]. »News« hatte damals eine Reichweite von 15,8 %, jene des »Profil« betrug nur 7,4 %. Es sei unübersehbar, dass beide Magazine versuchten, einander mit »Enthüllungsknüllern« zu übertrumpfen[66]. Eine Auflagensteigerung schien also für das

---

60 ORTNER, Einheit S. 103
61 News, 6. April 1995, S. 27
62 Vgl. Elinor BURKETT, Frank BRUNI, Das Buch der Schande – Kinder und sexueller Missbrauch in der katholischen Kirche, Wien 1995
63 Profil, 30. Jan. 1989
64 Täglich Alles, 28. März 1995, S. 3 (Gerd Leitgeb)
65 Vgl.: Ist das Profil noch zu retten? Alfred Worm über den Niedergang von Profil und Trend. Der Österreichische Journalist 3/1995, S. 54–57
66 FAZ, 29. März 1995

»Profil« ein dringendes Gebot der Stunde zu sein, zumal ja vorauszusehen war, dass die »Story« zum »Selbstläufer« werden musste, wenn – ja wenn der Kardinal Stellung genommen oder den Gerichtsweg beschritten hätte.

Im Pfarrblatt von Wildendürnbach, einer Nachbarpfarre von Unterstinkenbrunn in nicht allzu weiter Entfernung, lesen wird Folgendes:

Der Ankläger: seelisch krank, in psychiatrischer Behandlung gestanden, gescheitert in seiner Ehe, dazu hoch belastet mit zwei Millionen Schulden. Schon 1992 (nach Pressenotiz) versuchte dieser »seine Sache« beim »Profil« anzubringen. Sein neuer Versuch jetzt schien der Redaktion geeignet, die schwindende Abnehmerzahl aufzubessern und verbucht auch einen »Kassenerfolg«[67]. Hartmanns Heimatpfarrer in Unterstinkenbrunn äußerte sich kraftvoll: Diese Verleumdungen verzeihe ich dem Josef nie[68]. Der Josef ist ein Schuft[69]!

Das alles konvergiert mit einem im Freundeskreis gesprochenen Wort Udo Fischers, man habe zwei Jahre lang suchen müssen, um jemanden zu finden, der zu dieser Aussage bereit gewesen wäre. Auch ein anderes Wort Pater Udos ist in diesem Zusammenhang von Interesse, dass er nämlich im Falle seiner »Vertreibung« aus Paudorf zum »Profil« gehen wolle.

So wird eine Allianz von Renegaten sichtbar, die einen Rechtfertigungsbedarf mit sich durchs Leben trugen. Den bereits Genannten ist wohl auch Hubert Arnim-Ellissen, dem schärfsten der Nachrichtensprecher des ORF, zuzuzählen. Denn auch er war einmal Legio-

---

67 Pfarrbrief Wildendürnbach, Nr.22/23, 1995 (Karl Hütter)
68 Vgl. Täglich Alles, 28. März 1995, S. 7
69 Profil, 3. April 1995, S. 27

när Mariens gewesen und am 21. Dezember 1975 zum
Schriftführer der Jugendcuria »Pforte des Himmels«
(Vikariat Wien-Süd) gewählt worden[70]. Auch er hatte
einmal an das Priestertum gedacht, war in das Knabenseminar Sachsenbrunn eingetreten und lebte danach
etwa zwei Jahre als Alumne im Wiener Priesterseminar.
Nun sparte er nicht mit kritischen Untertönen gegenüber der Kirche, was ihm schon am 17. März einen her-
ben Konflikt mit Bischof Krenn eingetragen hatte[71].

---

70 RL 1976, S. 78
71 Kathpress, 26. März 1995, S. 8–10

DIE BISCHÖFE

Die ersten Bischöfe, die reagierten, waren die Wiener Auxiliare Schönborn und Krätzl gewesen, wobei dem Erstgenannten die führende Rolle in der Öffentlichkeit zukam. Denn ihm, und nicht Krätzl, lasteten die Kritiker jene Passage in der Erklärung vom 26. März an, die einen Vergleich mit dem Kirchenkampf in der Zeit des Nationalsozialismus herstellte. Wir zitieren die wesentlichen Sätze:

> *Wo sind wir hingekommen? Seit der Zeit des Nationalsozialismus, als Priesterprozesse unter dem Vorwand homosexueller Verfehlungen geführt wurden, habe es in Österreich derlei Verleumdungspraktiken gegen die Kirche nicht mehr gegeben. Auf das Entschiedenste muss ein sogenannter ›Enthüllungsjournalismus‹ zurückgewiesen werden, der den Angeschuldigten wehrlos entehrenden Verdächtigungen ausliefert. Wir appellieren an alle recht und billig denkenden Menschen in unserem Land, gegen solche menschenunwürdigen Praktiken mit allen ihnen zur Verfügung stehenden Mitteln Widerstand zu leisten. Es geht um die Würde eines Menschen, die Ehrfurcht vor seinem geistlichen Amt, und es geht nicht nur um die Kirche, sondern um Österreich. Es darf nicht dazu kommen, dass Menschen in unserem Land ›Freiwild‹ werden*[72].

In den Fernseh-Abendnachrichten rechtfertigte Schön-

---

72   Kathpress, 28. März 1995, S. 2

born das Schweigen des Kardinals, denn diese Vorwürfe
wären zu infam, als dass dieser dazu etwas sagen wollte; und gegenüber der »Presse« verwies der Weihbischof
darauf, dass schon Jesus vor Pilatus zu Vorwürfen und
Anschuldigungen geschwiegen habe[73].

Auch für Erzbischof Eder waren die Angriffe unfass-
bar; er ging in die Kapelle und betete den Kreuzweg. Das
sei ein Anschlag der Hölle! Er war überzeugt, dass die
Bischöfe des Landes in größtem Vertrauen und in abso-
luter Treue zu Groër stünden. Das war am 26. März[74].

Immerhin: Reinhold Stecher, nach der Einschätzung
des »Profil« ein hochangesehener, liberaler Bischof[75],
versicherte sein Gebetsgedenken. Es sei ihm, der selber
so viele Jahre in der Jugendseelsorge tätig gewesen sei,
bewusst geworden, dass mit Leichtigkeit auch ihn selbst
eine solche Anschuldigung hätte treffen können. Wie
sich da wehren? Man sei ausgeliefert... (27. März).

Auch Bischof Küng übergab der »Austria Presse-
agentur« eine Erklärung, in der er bekräftigte, Groër
seit vielen Jahren als integre Person und sehr gottver-
bundenen Menschen zu kennen und zu schätzen. Er
protestiere gegen die Vorgangsweise des »Profil«, die
die primitivsten Regeln der Gerechtigkeit außer Acht
lasse (27. März)[76].

Bischof Iby in Eisenstadt zeigte sich erschüttert und
betrübt; er distanzierte sich von den Methoden des
»Profil« und sprach den Wunsch aus, die Gottesmutter
möge Groër beistehen und ihn stärken. *Ich stelle mich*

---

73   Ebd.
74   Groër antwortete am 11. April, es komme ihm das Schrift-
      wort in den Sinn: *Die letzten Dinge werden ärger sein als die
      ersten* (vgl. Lk 11,26).
75   Profil, 3. April 1995, S. 26
76   Kathpress, 28. März 1995, S. 3

ganz auf die Seite des Kardinals und verteidige ihn! (27. März).

Bischof Weber unterstrich seine Solidarität für den Kardinal und das Recht jedes Menschen auf seinen guten Ruf, *der nicht leichtfertig durch öffentliche Behauptungen geschädigt werden darf* (27. März)[77].

Kapellari ging davon aus, dass Groër *in der Substanz der Anschuldigungen* unschuldig sei[78]. Eine weitere, von den »Salzburger Nachrichten« erbetene Stellungnahme lehnten Kapellari und auch Stecher ab[79].

Eindeutig und klar (wie immer) äußerte sich Bischof Krenn, denn für ihn sei das, was man Groër vorwerfe, *völlig undenkbar*. Er sei angesichts einer solch abgrundtiefen Bosheit *sprachlos*. Das alles passe mit Groërs Denkweise nicht zusammen! Man müsse sich beim Kardinal entschuldigen[80]. Hartmann sei nach Krenn *ein Mensch mit einer sehr kranken Seele*. Es werde sich herausstellen, *dass die Qualität der Zeugen nicht so gut ist, wie man sie heute ausgibt*[81]. In einem Journalistengespräch wies er darauf hin, dass man längst Kardinal König hätte befragen müssen, dem als langjährigem Vorgesetzten Groërs ganz sicher etwas zu Ohren gekommen wäre, wenn die Vorwürfe von heute der Realität von damals entsprochen hätten. Manche Journalisten fanden ein solches Ansinnen ungehörig. Kardinal König sei ein alter Mann und habe es verdient, in Ruhe gelassen zu werden; er habe ein Recht zu schweigen. Am 28. März steuerte König lediglich die Sentenz bei, dass der Einfluss der Medien ständig wachse, diese aber

---

77 Ebd.
78 Kronenzeitung, 28. März 1995, S. 3
79 Salzburger Nachrichten, 28. März 1995, S. 2
80 Kronenzeitung, 28. März 1995, S. 3
81 Kathpress, 31. März 1995, S. 6

oft gar nicht die »Nebenwirkungen« bemerkten, die sie auslösten[82]. Am 11. April publizierte dann das Sekretariat Königs eine Klarstellung: *In seiner Amtszeit als Erzbischof von Wien (1956–1985) ist er nie mit Päderastie-Vorwürfen gegen den damaligen Religionslehrer und Pädagogen befasst worden*[83].

Selbstverständlich kam unter den Bischöfen dem Apostolischen Nuntius eine besondere Stellung und Bedeutung zu. Squicciarini erinnerte die Medien daran, *Maß zu halten und die Ehre und Würde von Persönlichkeiten zu schützen, die viele Verdienste um Kirche und Staat in Österreich haben.* Und: *Wer Verdächtigungen, Verleumdungen und Missverständnisse verbreitet, trägt nicht zum Aufbau einer besseren Welt bei, sondern er stört die Entwicklung der Menschheit*[84]. Postwendend wurde diese Erklärung von der österreichischen Journalistengewerkschaft zurückgewiesen[85]. Am Dienstagabend erklärte der Nuntius weiterführend, dass der Heilige Stuhl viel Erfahrung auf diesem Gebiet habe. *Was heute in Österreich geschieht, ist auch schon in anderen Ländern geschehen.* Die Amtszeit Groërs könnte durchaus verlängert werden[86].

Am sechsten Tag seit Beginn der Kampagne veröffentlichte das Sekretariat Groërs eine Stellungnahme, die der Kardinal weder veranlasst noch vorbereitet hatte[87] und die die Kritik am Schweigen des Kardinals zurückwies:

---

82 Kathpress, 28. März 1995, S. 19
83 Kathpress, 13. April 1995, S. 2
84 Kathpress, 29. März 1995, S. 12
85 Die österreichischen Medien *brauchen keine Zensuren aus dem Vatikan.* Ebd. S. 11
86 Kurier, 29. März 1995, S. 3
87 Groër an Eduard Kalla, 2. Okt. 1995

Zu den Vorwürfen, die gegen den Erzbischof von Wien, Kardinal Dr. Hans Hermann Groër, in der letzten Ausgabe eines Wochenmagazins erhoben wurden, muss Folgendes festgehalten werden: Wenn gegen eine Person unseres Landes der Verdacht eines strafbaren Tatbestandes vorliegt, so haben die staatlichen Gerichte über Schuld oder Unschuld zu befinden. Eine von gewissen Medien geführte ›Lynchjustiz‹, die ohne jegliche Rechtsordnung abläuft, muss als Gefährdung des Rechtsstaates mit aller Entschiedenheit abgelehnt werden. Mit jeder Stellungnahme zu der jetzt gegebenen Causa würde sich der Wiener Erzbischof auf die Ebene eines solchen ›Tribunals‹ begeben und es damit anerkennen. So würde einer unkontrollierbaren ›Mediengerichtsbarkeit‹ Vorschub geleistet, von deren Willkür letztlich jede Person des öffentlichen wie des privaten Lebens vernichtet werden kann.

Wien, am 28. März 1995   Dipl. Ing. Michael Dinhobl
Sekretär des Erzbischofs von Wien

Alles in allem machte dieses Communiqué wenig Eindruck. Die Kritiker vermissten das »persönliche« Wort des Kardinals und zeigten damit, dass sie die obige Stellungnahme gar nicht verstanden hatten oder sie nicht verstehen wollten.

Am Donnerstagabend strömten viele Gläubige in den Dom und versammelten sich zu einem »Gebet für Bischof und Kirche«, veranstaltet von einer »Spontanen Initiative von Christen, die sich ihrer Mitverantwortung in der Kirche bewusst sind«. Die Angaben variieren erheblich: 1.000 Teilnehmer nach der »apa«, mehr als 2.000 nach der »Kathpress«, 800 nach dem »Profil«[88]. Nicht eingeladen war der Kardinal, der aber dennoch kam und mit minutenlangem Applaus begrüßt wurde. Nach A. Worm wirkte er *klein und gebrechlich, verstört und verunsichert*, doch kniete er 54 Minuten lang auf dem Steinboden von St. Stephan. Nach den Fürbitten dankte er den Gläubigen für ihr treues und beharrliches Beten und erwähnte auch, dass viele ihm für sein Schweigen gedankt hätten[89].

Doch gerade dieses Schweigen bot nun immer mehr die Angriffsfläche für jene, die nach »Aufklärung« riefen, obwohl sie selber keiner »Aufklärung« mehr bedurften, da sie von der schuldhaften Vergangenheit des Kardinals wie selbstverständlich überzeugt waren. So kam es noch zu Ende der letzten Märzwoche zur entscheidenden Verschiebung in der Bewusstseinslage vieler: Nicht der Ankläger habe seine Anklage zu beweisen, – die Unschuldsvermutung wurde mehr und mehr als Bagatelle gehandelt –, sondern der Beschuldigte müsse seine Unschuld demonstrieren und nachweisen[90]. Die Beweislast wurde von den Initiativmedien und von solchen, die ein Interesse daran hatten, dem Kardinal aufgebürdet. So wird es bald auch Schönborn zum Ausdruck bringen: Die Vorwürfe stünden *immer noch im*

---

88   Kathpress, 1. April 1995, S. 2. – Profil, 3. April 1995, S. 25
89   News, 6. April 1995, S. 22. – Kathpress, 1. April 1995, S. 2f. – Kurier, 1. April 1995, S. 11
90   In Art. 6 Abs. 2 der Europäischen Menschenrechtskonvention heißt es: *Jede Person, die einer Straftat angeklagt ist, gilt bis zum gesetzlichen Beweis ihrer Schuld als unschuldig.* Die Unschuldsvermutung erfordert, dass jeder einer Straftat Verdächtige oder Beschuldigte während der gesamten Dauer des Strafverfahrens als unschuldig behandelt wird und nicht er seine Unschuld, sondern die Strafverfolgungsbehörde seine Schuld beweisen muss.

Raum, sie seien vom Kardinal *nicht widerlegt worden*[91]. Die Hinweise auf das Sprichwort: »Wer schweigt, scheint zuzustimmen«, mehrten sich nun, während ein anderes geflügeltes Wort: »Wer sich entschuldigt, klagt sich an« (Qui s'excuse s'accuse) keine Beachtung fand. *Würde sich für den Kardinal die Lage grundsätzlich ändern, breche er sein Schweigen und beteuerte er seine Unschuld? Wohl kaum. ›Profil‹ hätte aber die heiß ersehnte Fortsetzung der ›Story‹*[92]. So war auch bald die Mahnung Helmut Schüllers vergessen, dass dieser Vorwurf genau bewiesen werde müsse (28. März). Nein! Hartmann sei primär glaubwürdig; es müssten schon *massive Indizien* gegen seine Glaubwürdigkeit auftauchen (Lingens)[93]. Ein gutes Beispiel für das Phänomen des »Rudeljournalismus«.

Noch stand die Mauer bischöflicher Solidarität. Aber: *Die Mauer wird nicht halten*[94]. Die Ausübung psychischen Drucks wird auch innerkirchlich die Bischöfe auf den Prüfstand bringen. Denn aus dem Inneren der Kirche ergingen nun – zumeist über die Medien transportiert – Bitte und Forderung, Ratschlag und drohendes Wort an den Kardinal: Er soll (doch endlich) reden; er soll bei Gericht Klage erheben; er soll zurücktreten.

Anscheinend gebührt Univ. Prof. Dr. Hans Rotter SJ, Moraltheologe in Innsbruck, das »Verdienst«, als erste Stimme innerhalb der Kirche die Zulassung der Diskussion gefordert zu haben, – sie soll nicht *abgeblockt* werden. Derartige Vorfälle sollten auch in der Öffentlichkeit ordentlich diskutiert werden, wobei er die Rechtmäßig-

---

91   Kathpress, 18. Mai 1995, S. 17. (Aus einem »Zeit im Bild 2«-Interview am 15. Mai.)
92   Die Ostschweiz, 29. März 1995, S. 2
93   Standard, 29. März 1995
94   Kurier, 29. März 1995, S. 2

keit der Vorwürfe und einen Zusammenhang mit dem »Pflichtzölibat« insinuierte[95]. Im »Kurier« des nächsten Tages stand die Meinung Zulehners zu lesen, dass die Kirche *aggressiv und weinerlich* geworden sei und das Bild eines *aufgescheuchten Hühnerhaufens* biete[96]. Der Präsident der Katholischen Männerbewegung Österreichs, Vinzenz Strasser, war da wesentlich direkter: Groër solle sein Amt *in aller Demut* zurücklegen und offen zugeben, dass er sich sündhaft benommen habe, doch längst mit Gott versöhnt sei[97]. Professor Wolfgang Beilner, Salzburg, erklärte zwar nicht zu wissen, ob Hartmann die Wahrheit sage, war aber überzeugt, dass – so oder so – Groër als Erzbischof von Wien nicht zu halten sei. Jetzt müsse man darüber nachdenken, wie es weiter gehen solle[98].

Hier darf man an eine Feststellung des Kirchenhistorikers Hubert Jedin (1900–1980) erinnern, dass nämlich die Länderepiskopate nie imstande waren, *sich dem Druck des Staatskirchentums zu entziehen; an die Stelle des Staates sind heute die Massenmedien getreten*[99].

Zunächst ging es aber so weiter, dass Tag für Tag kirchliche Stimmen die Forderung wiederholten, der Kardinal solle sprechen, und dabei die Erklärung des erzbischöflichen Sekretariates völlig ignorierten. Fritz Czoklich, Präsident der Katholischen Aktion, berief sich auf die Erwartung der Katholiken; wenn Groër nicht spreche, sei er als Vorsitzender der Bischofskonferenz

---

95   Die Presse, 29. März 1995, S. 6
96   Kurier, 29. März 1995, S. 3
97   Ebd.
98   News, 30. März 1995, S. 12
99   Hubert JEDIN, Lebensbericht, hg. von K. REPGEN, Mainz ²1985, S. 222

nicht tragbar[100]. Auch der Jesuitenprovinzial P. Gerwin Komma urgierte eine Stellungnahme, denn mit Solidaritätserklärungen allein sei es nicht getan[101]. Am 4. April verlangte Zulehner einen ernsthaften Nachdenkprozess über Bischofsernennungen[102] und wurde in den »Oberösterreichischen Nachrichten« bereits recht deutlich: Das Schweigen des Kardinals sei schmerzlich, immer tragischer und *kirchlich verhängnisvoller*. Es gebe einen *enormen Handlungsbedarf*; während man versuche, die Glaubwürdigkeit Hartmanns und anderer »Zeugen« zu unterwandern, gehe die eigene Glaubwürdigkeit verloren. Es sei nicht recht, *die Mauer des Schweigens durch eine weitere Mauer des Betens zu erweitern*[103].

Als erster Bischof gab Krätzl am 3. April Anlass dazu, an seiner Loyalität und Solidarität zu zweifeln. Auch wenn er im Hinblick auf seine für die »Furche« bestimmte Glosse in Abrede stellte, er habe damit den Kardinal aufgefordert, sein Schweigen zu brechen, so musste er doch wissen, dass seine Ausführungen im gegebenen Kontext und im »Mainstream« der Medien so aufgefasst würden.

Kirche wird umso verständlicher, je transparenter ihr Leben wird. Das gilt für interne Auseinandersetzungen, Ernennungen, Rechenschaft nach außen. Jeder Versuch der Verheimlichung nährt nur Verdächtigungen. Wer in der Öffentlichkeit steht, muss sich Kritik gefallen lassen (…). Um bessere Argumente muss man sich daher bemühen, aber auch bereit sein, Fehler von gestern und heute, in der Lehre oder im Tun, demütig einzugestehen und zu korri-

---

100 Standard, 31. März 1995, S. 6
101 Ebd.
102 Die Presse, 4. April 1995
103 Kathpress, 5. April 1995, S. 3f.

gieren (...). (Die Kirche) kann der Gesellschaft nur
dienen, wenn ihr eigenes Leben überzeugend ist, vor
allem aber, wenn ihre Amtsträger zum offenen Dialog in der Kirche und mit dieser Welt willens und
auch fähig sind[104].

»Honni soit qui mal y pense.«
»Ein Schelm, wer Arges dabei denkt.«

Am selben 3. April begann die mit Spannung erwartete Frühjahrssession der österreichischen Bischofskonferenz mit einem Studientag über Frauenorden. Der Zu-
sammentritt der Bischöfe hatte längst das Interesse im
Hinblick auf Groër hervorgerufen, da die Kampagne gegen ihn in vollem Gang war und seine Amtsperiode als
Vorsitzender der Konferenz auslief. Die an diesem Tag
erscheinende Nummer 14 des »Profil« brachte den Titel
»Die Vertuschung« als Aufmacher. »News« schrieb von
Groërs »Endkampf«[105]. Der »Standard« verlangte nicht
nur »Aufklärung« und »Aufhellung«, sondern auch einen neuen Diskussionsprozess über Sexualität und Zölibat[106], und am 4. April, dem ersten eigentlichen Konfe-
renztag, sprach Helmut Schüller im Mittagsjournal des
ORF: *Ich glaube, dass der Kardinal etwas sagen sollte,
das zu einer Klärung der Sache führen kann,* und er
hoffe, dass die Bischöfe den Weg zu einer Klärung fin-

---

104 KRÄTZL, Kirche im Zeitgespräch S. 26. (Furche, 6. April 1995)
105 News, 30. März 1995, S. 12
106 Der eigentliche Angriffspunkt sei der Zölibat (Gregor Hen-
    ckel-Donnersmarck). Kathpress, 1. April 1995, S. 2. – Stan-
    dard, 3. April 1995, S. 20. – Schüller: Die Kirche solle die Junk-
    timierung (Verknüpfung) von Zölibat und Priesteramt sehr
    ernsthaft überlegen… Salzburger Nachrichten, 5. April 1995,
    S. 1

den würden[107]. An diesem Dienstag war dann auch die demoskopische Waffe bereits einsatzbereit, denn 46 % der Österreicher hielten einer Telefonumfrage zufolge Groër für schuldig[108]. (Das Magazin »News« gebrauchte dieselbe Keule: 62 % der Befragten befürworteten den Rücktritt des »Angeklagten«[109].) Doch hielten die Bischöfe dem massiven Meinungsdruck (noch) stand und wählten Groër erneut zum Vorsitzenden der Konferenz, wenn auch – wie die Medien es hervorhoben – erst im dritten Wahlgang und *mit äußerst knapper Mehrheit.* Dazu einige Details zur Erläuterung[110].

Die Wahl des Vorsitzenden war der erste Tagesordnungspunkt der Konferenz überhaupt. Angesichts der öffentlichen Anschuldigungen gegen den Kardinal waren die Bischöfe der Auffassung, dass die dadurch entstandene Situation bei der Wahl des Vorsitzenden mit zu bedenken sei, und wünschten eine offene Aussprache. Groër erläuterte nun seine Sicht der Dinge: Es handle sich um eine systematische Vorgangsweise, und Josef Votzi spiele als Chefredakteur des »Profil« dabei eine führende Rolle. Er habe sich ja seit 1986 mit Recherchen zu diesem Thema befasst und getrachtet, es als »Causa« in die Öffentlichkeit zu bringen. Die in die Welt gesetzten Beschuldigungen bezeichnete Groër als *unerhörte Unwahrheiten.* Er brachte dann seine sehr negati-

---

107 Kathpress, 4. April 1995, S. 2. – Wenige Tage zuvor hatte er noch erklärt, ein solcher Vorwurf müsse sehr genau bewiesen werden; er hätte jedenfalls nicht das Geringste beobachtet, was in diese Richtung weisen würde. Kathpress, 28. März 1995, S. 2
108 Standard, 5. April 1995, S. 6
109 News, 6. April 1995, S. 20
110 Die folgenden Angaben sind dem »Protokoll der Konferenz der österreichischen Bischöfe vom 4.–6. April 1995 und am 4. Mai 1995« entnommen.

ve Einschätzung des Hauptzeugen Josef Hartmann vor und sprach von Rufmord. Er fühle sich verpflichtet, an seinem bisher geübten Schweigen festzuhalten, sonst würde er ja das von den Medien installierte »Tribunal« akzeptieren[111]. Zudem habe ihm der Heilige Vater mehrmals Zeichen der Ermutigung geschickt. Im Übrigen werde er sich auch nicht vor ein bischöfliches Tribunal bringen lassen, (für das es ja keine Rechtsgrundlage gebe.) Die Mitbrüder sollten bei der Wahl in aller Freiheit ihre Entscheidung treffen.

Diese artikulierten nun ihr Verständnis für das Schweigen des Kardinals, äußerten aber zugleich ihre pastorale Sorge angesichts der eingetretenen Situation, die komplex sei. Es dürfe nicht der Eindruck des »Vertuschens« entstehen[112]. Man besprach nun die Folgen einer Wiederwahl oder einer Nicht-Wiederwahl. Das Wohl der Kirche habe Vorrang; natürlich müsse man aber auch auf Gerechtigkeit gegenüber dem Betroffenen bedacht sein. Sollte der Kardinal also vielleicht von sich aus auf eine Wiederwahl verzichten? Dieser wies erneut darauf hin, dass sich alle Wähler ganz frei wissen sollten; der ganze Vorgang sei nur ein kleiner Teil der Problematik, die nun in Österreich sichtbar werde. Groër nahm die Wahl an, die erst im dritten Wahlgang und mit relativer Mehrheit erfolgte, betonte aber gleichzei-

---

111 In diesem Sinn äußerte sich auch Otto von Habsburg: *Für mich ist es unerträglich, dass gewisse Organe gleichzeitig Ankläger, Richter und Henker sind. Ich stehe daher grundsätzlich zu einer mit solch schmutzigen Angriffen konfrontierten Person, solange diese nicht bewiesen sind.* Neues Volksblatt, 11. April 1995. – Vgl. Wolfgang ARNOLD, Groër. Kein anderes Recht gelassen, als zu schweigen. Kleine Zeitung, 29. April 1995, S. 28 (Gastkommentar)

112 Das »Profil« vom 3. April war mit dem »Aufmacher« *Die Vertuschung* erschienen.

tig, dass er seine Entscheidung dem Heiligen Vater vorlegen wolle. Er würde auf dieses Amt verzichten, wenn der Papst ihm das nahelegen sollte. Er bekräftigte dies am Nachmittag neuerlich, und der anwesende Nuntius erklärte sich bereit, allenfalls bei den Kontakten zum Apostolischen Stuhl behilflich zu sein.

Am Abend dieses 4. April feierten die Bischöfe dann im Stephansdom konzelebrierend die hl. Messe, vor deren Beginn Groër die Gläubigen bat, auf alle außerliturgischen Demonstrationen, auch des Beifalls, zu verzichten. Klaus Küng hielt turnusgemäß die Homilie, die freilich den Journalisten nicht ganz gefallen wollte, hatte er doch einen Vergleich mit den Christenverfolgungen früherer Zeiten angestellt[113]. Diesen Vergleich wird bald auch Kapellari kritisieren[114].

Bereits am 5. April wird es sich wohl gezeigt haben, dass nicht alle bischöflichen Mitbrüder dem öffentlichen Meinungsdruck länger standhalten wollten und konnten und deshalb von Groër die Publizierung einer Unschuldserklärung verlangten. Am Donnerstag, den 6. April, veröffentlichten die Dekane der vier katholisch-theologischen Fakultäten einen Appell an die (noch tagende) Bischofskonferenz, *angesichts der ungeheuerlichen Anschuldigungen gegen Kardinal Groër das Schweigen zu brechen*. Die Studenten seien durch das Schweigen der Bischöfe zutiefst irritiert (Liebmann, Graz; Reikerstorfer, Wien; Bachl, Salzburg; Runggaldier, Innsbruck)[115]. Hannes Schopf, Redakteur der »Furche«, hatte auch gleich einen Textvorschlag für eine solche Erklärung des Kardinals bereit: *Ich habe ein reines Gewissen*, sollte dieser verlautbaren. *Nichts an den ge-*

---

113 Im Wortlaut: Kathpress, 6. April 1995, S. 14f.
114 Kathpress, 11. April 1995, S. 2f.
115 Kathpress, 7. April 1995, S. 4

gen mich vorgebrachten Beschuldigungen beruht auf
Wahrheit. Gott ist mein Zeuge[116]. Dr. Michael Maier, Jahrgang 1958 und vormals leitender Redakteur der
Kärntner Kirchenzeitung, in welcher Funktion er schon
Kapellari unangenehm geworden war, war wohl immer noch nicht ganz der Lebensphase des Sturmes und
Dranges entwachsen. Als Chefredakteur der »Presse«
kritisierte er nun die Konferenz, die sich nicht zu einer klaren Haltung durchringen könne. Die Heiterkeit
Groërs interpretierte er als »Zynismus«[117]. Den Bischöfen stehe angesichts einer entfesselten Medienkampagne die Hilflosigkeit ins Gesicht geschrieben, urteilte
die »Kronenzeitung«, die als einzige Tageszeitung den
Mut zum Widerspruch fand[118]. Erschüttert erlebten nun
die Bischöfe, *wie sich langsam eine Kultur- und Kir-*
chenkampfatmosphäre ausbreite, in der es nicht mehr
um eine Person geht, sondern um die Institution Kir-
che (…). Die Jagdgesellschaft triumphiert: In Kardinal
Groër hat sie einen neuen Waldheim gefunden[119].

Die Session am Vormittag dieses 6. April begann
dramatisch, denn eine Indiskretion über Vorgang und
Ergebnis der Wahl vom 4. d.M. (durch wen?) hatte die
Situation verschärft und weiter kompliziert. Darüber
wurde nun neuerlich und ausführlich gesprochen und
einige Bischöfe legten Groër den Rücktritt nahe, denn
sie versprachen sich davon eine Beruhigung der Lage.
Bei der bevorstehenden Pressekonferenz sei zu erwar-

---

116 Furche, 6. April 1995, S. 3
117 Die Presse, 6. April 1995, S. 1
118 *Die Kronenzeitung schreibt nie gegen die Kirche, während die*
     katholischen Zeitungen alle gegen die Kirche schreiben… Groër
     zu den Schwestern von Marienfeld, 17. Mai 1989 (139. Ser-
     mon)
119 Kronenzeitung, 6. April 1995, S. 2 (Ernst Trost)

ten, dass sich das Interesse der Journalisten auf diese einzige »Frage« konzentrieren werde. Es sollte nun genau besprochen werden, wie man vorgehen könne und solle. Der Kardinal brachte nun jenes Bewerbungsschreiben des Josef Hartmann zur Verlesung, von dem weiter oben schon die Rede gewesen ist[120]. Er erklärte sich aber trotz allem bereit zu demissionieren, wenn dies in der gegenwärtigen Situation hilfreich wäre; er glaube aber nicht, dass die Probleme durch diesen seinen Rücktritt gelöst würden. Die Bischöfe zeigten sich bedrückt darüber, dass keine Sicherheit mehr bestehe, dass Vorgänge in der Konferenz nicht nach außen getragen würden. Nun erbat der Kardinal ein geheimes Votum, das ihm allein als Entscheidungshilfe dienen sollte. Man möge ihm dann bis zum Nachmittag Bedenkzeit geben. Dieses Votum war anscheinend ausschlaggebend für das, was kommen sollte. Das Ergebnis musste Eminenz zutiefst getroffen haben, denn noch am Sterbebett brach es unter Tränen aus ihm hervor: Zehn zu zwei. Zehn Bischöfe befürworteten seinen Rücktritt vom Amt des Vorsitzenden der Konferenz; sie glaubten Josef Hartmann mehr als ihm.

Am Nachmittag erklärte Groër, er habe sich nach reiflicher Überlegung dazu entschlossen, dieses Amt zurückzulegen, in der Überzeugung, dass dieser Schritt im Sinne des Kollegiums sei. Der Nuntius wisse bereits davon. Diese bischöfliche Mehrheit muss dann alsbald – ein exakter Zeitpunkt lässt sich nicht eruieren – den Hl. Vater um die »Ablöse« Groërs gebeten haben[121]. Bevor nun die Neuwahl begann, verließ Bischof Krenn

---

120 Siehe S. 24f.
121 *So wie in der überwiegenden Mehrheit das Bischofskollegium ›gegen‹ mich votiert und in diesem Sinn auch der Heilige Vater gebeten wurde…* Groër an G. Winkler, 2. Sept. 1995

aus Protest den Saal und kehrte erst nach Abschluss des Wahlvorganges zurück. Im dritten Wahlgang um 15.47 Uhr gewählt, nahm Bischof Weber diese Wahl an und präsidierte die weiteren Beratungen der Konferenz, die kurz nach 18.00 Uhr geschlossen wurde. Bischof Werner resümierte rückblickend: *Nach allem, was ich in der Konferenz gehört habe, kann ich Kardinal Groër mein volles Vertrauen aussprechen. Die Medien haben in dieser Causa einen Weg beschritten, der eines Rechtsstaates unwürdig ist*[122].

Noch am selben Abend wurde folgende »Erklärung der Bischofkonferenz« publiziert:

Nachdem die Mitglieder der Bischofskonferenz Kardinal Groër für eine neue Amtszeit gewählt hatten, hat er seinerseits die Aufgabe zurückgelegt. An seiner Stelle wurde der Bischof von Graz-Seckau, Dr. Johann Weber, zum Vorsitzenden gewählt. In ausführlichen Gesprächen hat der Kardinal sein Schweigen über die gegen ihn erhobenen Vorwürfe einsichtig gemacht. Wir haben Verständnis für diese Haltung. Es ist sein Recht zu schweigen. In keiner Rechtsordnung ist Schweigen ein Schuldeingeständnis. Darüber hinaus ist klar abzusehen, dass jede Erklärung neue Gegenerklärungen auslösen würde.

Darum erhebt sich die prinzipielle Frage, wie es mit den Grundrechten einer Person, gleich welcher Stellung, zu vereinbaren ist, wenn sie durch öffentliche Anprangerung von vornherein verurteilt wird. Die Rufschädigung ist irreparabel. Sie ist ein schweres Unrecht.

Es ist offensichtlich, dass die Angriffe auf Kardinal Groër auch die Kirche im Ganzen treffen wol-

---

122 Salzburger Nachrichten, 8. April 1995, S. 2

len. Wir lehnen jede Pauschalverdächtigung unserer Priesterschaft und ebenso der kirchlichen Erziehungseinrichtungen ab. Gerade in diesen Tagen bezeugen sehr viele Wortmeldungen, welch hohe Anerkennung kirchlichen Schulen und Internaten entgegengebracht werden...[123]

Allerdings sollte sich bald herausstellen, dass diese »Erklärung« gar nicht von der Autorität der Bischofskonferenz gedeckt war, sondern dass lediglich ein Teil der Bischöfe einer persönlichen Eigeninitiative Webers gefolgt war: *Eine kleinere Gruppe von 7 Bischöfen hat sich nach Schluss der Konferenz um eine Erklärung bemüht, die naturgemäß nicht alle befriedigt hat*[124]. Trotzdem galt sie als offizieller Text der Konferenz, der freilich mit Groër selbst in keiner Weise abgesprochen war. Diese Zeilen sollten freilich sehr bald ein Schicksal erleben, das dem einer Kindesweglegung gleichkam, wollten doch die sieben Bischöfe nicht zu dem stehen, was sie da verlautbart hatten: Der Kardinal habe sein Schweigen einsichtig gemacht, die Bischöfe hätten Verständnis dafür, es ist sein *Recht zu schweigen...*

123 Kathpress, 8. April 1995, S. 14. – WKZ, 16. April 1995, S. 11
124 Rundbrief Webers an die österreichischen Bischöfe, Graz, 9. April 1995

»DAS OPFER IST GESCHLACHTET, GROËR IST ERLEDIGT«

Die Pressekonferenz Webers am Freitagvormittag wurde verständlicherweise mit Spannung erwartet, war sie ja der erste Auftritt des neuen Vorsitzenden, der freilich auf die Mitwirkung Krenns von vornherein verzichtet hatte. (Krenn war – gemeinsam mit Werner – Medienreferent der Konferenz.) Weber, *der Bischof, den alle gern haben*[125], ein *Mann der Mitte*[126], ein *weltgewandter Bischof*[127], ein Bischof von großer integrativer Kraft[128], erklärte zunächst, die Kirche müsse ein *gläsernes Haus* sein. Groër habe ein Recht auf die Unschuldsvermutung, aber auch seine Ankläger dürften nicht diskriminiert werden[129]. Der Kardinal sei ein alter Mann, der viel für die Kirche getan habe. Hinter den Angriffen gegen seine Person sei aber keine Verschwörung und keine abgestimmte Strategie zu vermuten; die Dinge hätten eine Eigendynamik. Doch kündigte er nicht nur die Etablierung eines »Ständigen Rates« der Bischofskonferenz an, sondern auch sein Bemühen um einen innerkirchlichen Untersuchungsausschuss, der den »Fall

---

125 Standard, 8./9. April 1995, S. 40
126 Kronenzeitung, 8. April 1995, S. 3 (E. Trost)
127 Die Presse, 8. April 1995, S. 3
128 Kathpress, 11. April 1995, S. 2f. (Kapellari)
129 Die Vereinigung der Pastoraltheologen Österreichs hatte schon am 8. April erklärt: Es sei unzulässig, *ohne gesicherte Gründe die Glaubwürdigkeit jener zu unterwandern, die Anschuldigungen vorbringen*. Kathpress, 11. April 1995, S. 7

Groër« klären solle. Zwar wisse er, dass einem solchen aus Bischöfen und Fachleuten zusammengesetzten Gremium keine wie immer geartete juridische Kompetenz zukäme, denn über einen Kardinal zu befinden sei ausschließlich dem Papst vorbehalten und zudem sei die Zustimmung Groërs vonnöten. Dieser Idee, die nicht die seine war, ging eine Intervention der »Arbeitsgemeinschaft österreichischer Priesterräte« voraus, die einen solchen Untersuchungsausschuss gefordert hatte[130], vor allem aber war es der bei der Pressekonferenz anwesende Universitätsprofessor Philipp Harnoncourt aus Graz, der Weber dringend aufforderte, die Verantwortung nicht nach Rom abzuschieben, sondern untersuchen zu lassen. Allein dies wäre *offen, ehrlich und dem Evangelium gemäß*[131]. Privat jedoch versicherte der Herr Professor dem Kardinal, dass dieser stets auf ihn zählen könne (!)[132]. Alsbald war die Bezeichnung »Weisenrat« geboren, während Weber selbst den neutraleren Namen eines »Arbeitskreises« bevorzugte[133]. Den Vorschlag, einen Untersuchungsausschuss zu etablieren, der Hartmann und seine Aussagen unter die Lupe zu nehmen hätte, machte Weber nicht. Schließlich betonte der neue Vorsitzende, die Kirche müsse sich der Fra-

---

130 Auch die »Arbeitsgemeinschaft der Katholischen Jugend Österreichs« bat Groër um Klärung *in öffentlicher Transparenz.* Kathpress, 7. April 1995, S. 4

131 Sonntagsblatt für die Steiermark, 9. April 1995. – Kathpress, 4. April 1995, S. 14f.

132 *Da ich in Wien zu tun hatte, wollte ich einfach zu Besuch kommen, um Dir mein Mitgefühl auszudrücken und Dir meine Hilfe anzubieten. Ich kann mir vorstellen, dass Du Dich sehr verlassen fühlst. Du kannst auf mich zählen! (…) Mit Dir im Gebet verbunden…* Harnoncourt an Groër, 7. April 1995. – Vgl. Kathpress, 8. April 1995, S. 5f.

133 Rundbrief Webers an die Bischöfe Österreichs, Graz, 9. April 1995

ge der Homosexualität stellen und dürfe nicht so tun, als gebe es diese Frage nicht. Zwischen Homosexuellen könne es ja durchaus einen *Reichtum an Liebe* geben[134].

Nachdem also Weber diese Pressekonferenz *professionell, mit souveräner Gelassenheit und pastoralem Tiefgang* absolviert hatte, wartete die »Kronenzeitung« vom darauf folgenden Samstag mit einer Überraschung auf. Sie veröffentlichte nämlich jene immer wieder geforderte Erklärung, mit der der Kardinal sein Schweigen brechen sollte, doch siehe da: Jetzt war sie in den Augen der Medienmehrheit ungenügend. Sie hatte folgenden Wortlaut:

Nach den im ORF und in anderen Medien wiederholt publizierten Anschuldigungen eines Wochenmagazins gegen mich veröffentlichte mein Sekretär Dipl.-Ing. Michael Dinhobl am 28. März seine Stellungnahme. Sie bietet die im Grundrecht des Menschen, in der Rechtsordnung unseres Staats wie im überlieferten Wort Christi gebotene Sicht und Praxis für ein gerechtes und friedvolles Miteinander.

Aus der schmerzlichen Erfahrung permanenter Verachtung und Verletzung dieser Grundbedingungen allen Zusammenlebens sehe ich mich heute veranlasst, Nachstehendes zu erklären:

Die auf breiter Front massiven, gesteigerten Attacken gegen mich verunsichern und gefährden viele Gutgesinnte und Gläubige, erzeugen Unruhe und Zweifel – auch an der Kirche. Deshalb sehe ich mich verpflichtet, Inhalt und Gestalt der gegen mich getätigten Diffamierung und vernichtenden Kritik zurückzuweisen. In diese Zurückweisung sollen hiermit

---

134 Kronenzeitung, 10. April 1995, S. 2. – Wiener Zeitung, 11. April 1995, S. 2

alle Pauschalverdächtigungen der Priester und der im Religionsunterricht Tätigen sowie der vielbesuchten Schulen und Internate der Römisch-Katholischen Kirche eingeschlossen sein. Sie alle verdienen Vertrauen und Hochschätzung – wie auch die im natürlichen Sittengesetz und in der göttlichen Offenbarung gründende katholische Morallehre, die für den Einzelnen wie für die Gesellschaft unverzichtbar ist[135].

Dass der Kardinal diese Erklärung in der »Kronenzeitung« veröffentlichte und nicht über die – von der Bischofskonferenz kräftig subventionierte[136] – »Kathpress« verbreiten ließ, hat die Redakteure dieser Agentur nicht gefreut. Doch längst hatten sie durch Auswahl, Platzierung und den Modus der Nachrichtenübermittlung erkennen lassen, auf welchem Ufer des Stromes sie standen. Längst war der Kardinal auch über die Verbindungskanäle informiert, die hin zu »Kirche Intern«, dem Kampfblatt Pfarrer Schermanns, führten. Jetzt aber zeigte es sich, dass der zentrale Satz der Erklärung: *Deshalb sehe ich mich verpflichtet, Inhalt und Gestalt der gegen mich getätigten Diffamierung und vernichtenden Kritik zurückzuweisen*, als unklar und als ungenügend qualifiziert wurde, wäre doch ein Eingeständnis der »Schuld« viel willkommener gewesen. Die Erklärung wurde kaum zur Gänze nachgedruckt, einige Teile höchstens im Fließtext gebracht, Nachricht und Kommentar unterschiedslos miteinander vermengt. Sie werde nach Weber *divergierend* aufgenommen[137]. Sie sei *weitschweifig und wenig aussagekräftig*

---

135 Kathpress, 11. April 1995, S. 3. – WKZ, 16. April 1995, S. 10
136 Der jährliche Zuschuss betrug schon 1989 S 1.017.000,-. Prüfbericht, 3. April 1989
137 Rundbrief an die österreichischen Bischöfe, Graz, 9. April 1995

(Primetshofer)[138]; eine Erklärung, *die keine sei* (Weber) und *höchst verschwommen* wäre (Votzi).

Der 9. April war Palmsonntag, und bei der Staatspolizei waren bereits Hinweise eingegangen, die mit der Möglichkeit von Zwischenfällen rechnen ließen, wenn Palmprozession und Palmweihe in gewohnter Weise gehalten werden sollten. Da war es gut, dass am Morgen ein eisiger Wind über den Stephansplatz wehte und die Temperaturen kaum über dem Gefrierpunkt lagen. So wurde die gesamte Liturgie im Inneren des Domes gehalten.

Dann aber wollten viele die »TV-Pressestunde« mitverfolgen, war doch Bischof Weber dazu eingeladen. Von der Erklärung des Kardinals im Massenblatt der »Krone« zeigte er sich überrascht, kommentierte sie aber mit den Worten: *Da ist einiges aus dem Ruder gelaufen.* Er plädierte für *klare Ehrlichkeit* und verfocht deshalb die Idee des »Weisenrates«, der es auf den Punkt bringen sollte: *Welchen Rat können wir dem Kardinal geben?*

Diesen Rat zu geben wusste freilich bereits Bischof Stecher. Er publizierte am Palmsonntag ein »Wort an meine Diözese«, in dem er Groër den Rücktritt »nahelegte« bzw. von ihm – wie es andere verstanden – »forderte«:

Wenn ich das Gefühl habe, dass mir doch nicht geglaubt wird, oder etwas hängen bleibt, dann ist das menschlich zwar peinlich, aber ich würde nicht zögern zurückzutreten[139].

---

138 Kurier, 8. April 1995, S. 3. – Primetshofer hatte 1986 sehr richtig hervorgehoben, dass der gute Ruf eines Bischofs *nicht rechtswidrig angetastet werden darf;* er habe ein Anrecht auf eine Beurteilung nach Recht und Billigkeit. Furche, 24. Okt. 1986, S. 10

139 »Erklärung zu den jüngsten Ereignissen in der katholischen Kirche Österreichs«. Standard, 10. April 1995, S. 1; 11. April 1995, S. 28

In Zukunft wird die Mehrzahl der österreichischen Bischöfe nur mehr via Medien mit Groër sprechen, ihm Ratschläge erteilen und eigene Vorstellungen kundtun. Gab es kein Telefon mehr? Ist Wien so schwer erreichbar?

Kapellari äußerte sich bei der Palmweihe in Klagenfurt sorgenvoll: Es werde großer Anstrengungen bedürfen, um den *Scherbenhaufen* in Österreichs Kirche wieder in Ordnung zu bringen. Im Übrigen: V*on Schuld oder Nichtschuld ganz abgesehen -*, er würde in einem solchen Fall zurücktreten. Fehler dürften nicht vertuscht werden. Alles soll offen angesprochen werden[140].

Bischof Krenn aber, dem man schon vorgeworfen hatte, er hätte das Ganze in Gang gebracht[141], kündigte sein Veto in der Bischofskonferenz an, wenn diese tatsächlich einen Untersuchungsausschuss installieren wollte. Er halte ein solches Gremium, wie immer es benannt werden sollte, keinesfalls für *grundsätzlich möglich oder geraten*. Die Bischofskonferenz sei schließlich keine Erhebungskommission. Der Vorsitzende müsse sich auch nach der Bischofskonferenz an das Besprochene und Vereinbarte halten. Die Pressekonferenz sei nicht ein fortgesetzter Teil der Bischofskonferenz, *von der wir ganz neue Dinge erfahren, die wir nie besprochen oder gewollt haben*. Er habe übrigens mit Groër persönlich geredet. *Jedes Wort von ihm ist eine Verneinung der Dinge, die ihm vorgeworfen werden. Er weiß um seine Unschuld*[142]. Im Hinblick auf Stecher und Kapellari sagte Krenn unumwunden, es sei ein unwürdiges Spiel, das da getrieben werde. Bei der Konferenz

140 Kathpress, 11. April 1995, S. 2f. – Die Presse, 8. April 1995, S. 7
141 Kathpress, 12. April 1995, S. 2
142 Die ganze Woche, 8. April 1995, S. 41

hätten alle Bischöfe *nette Worte* für den Kardinal gefunden[143]. Erzbischof Eder schrieb am 10. April an Weber in Graz und stellte kategorisch fest, er werde an keiner wie immer genannten Untersuchungskommission
mitwirken.

Doch nun ließ sich auch Weihbischof Laun, der zuletzt in Deutschland gelebt hatte und nur sehr unzurei-
chend informiert war, dazu hinreißen, etwas zu »erklären«. Er hätte nämlich ganz anders reagiert als Groër; er
wäre *nach vorne* gegangen. Dieses Interview kommen-
tierten die Medien dahingehend, dass schon der dritte
Bischof Groër den Rücktritt nahelegte[144].

Bischof Küng bekräftigte jedoch, dass der Rückzug
Groërs von der Funktion des Konferenzvorsitzenden in
keiner Weise als Schuldbekenntnis zu verstehen sei; die
Belastung sei einfach zu groß[145].

Für Groër war es sicher ein Trost, dass sich am Montag, dem 10. April, außergewöhnlich viele Priester, mehr
als zweihundert, zum traditionellen Rekollektionsnach-
mittag im Erzbischöflichen Haus und zur Chrisam-
Messe im Dom eingefunden hatten.

Am selben 10. April ließ dann auch Professor Zulehner seine Stimme vernehmen und fasste zusammen:

*Das Opfer ist geschlachtet, Groër ist erledigt. Der
Kardinal ist selbst ein seelisch kranker Mensch und
höchst therapiebedürftig (...). Ich hoffe, dass Rom
inzwischen gelernt hat, dass sich die Kirchenpolitik,
die mit den Bischofsernennungen der letzten Jahre
betrieben wurde, selbst liquidiert[146].*

---

143 Kathpress, 12. April 1995, S. 2. – Telefoninterview Hochners
(ORF) mit Krenn, (10.) April 1995. Tonbandtranskript
144 Vgl. Kathpress, 13. April 1995, S. 2f.
145 Die Presse, 8. April 1995, S. 7
146 Profil, 10. April 1995, S. 36

Deutlicher kann man es nicht sagen, und Univ.Prof. Bruno Primetshofer CSsR (1929–2014) beeilte sich, dies zu bekräftigen: Die Bischofsernennungen der letzten Jahre seien ein *absolutes, planloses Fiasko*[147].

Am Karfreitag las man dann in der »Presse«, dass Kardinal König zufolge Tatsachen von Behauptungen unterschieden werden müssten. *Aber im Interesse der kirchlichen Glaubwürdigkeit geht es auch darum, sich den Behauptungen zu stellen*[148]. Und Bischof Iby glaubte sagen zu sollen, die Kirche sei in manchem verknöchert, veraltet und verkalkt[149]. Das meinte auch Kapellari; die Kirche dürfe nicht als *verkorkst* erscheinen. Er verlangte eine *neue Allianz* von Bischöfen, Theologen und Journalisten[150], wenngleich man auch über die Rolle der Medien in unserer Gesellschaft nachdenken müsste[151]. Und immer wieder wurde das Wort des Papstes, die Kirche müsse ein *gläsernes Haus* sein, ins Treffen geführt[152], während jenes andere Wort des Heiligen Vaters, die österreichischen Bischöfe müssten den Mut aufbringen, *öffentlichem Meinungsdruck zu widerstehen*[153], ganz und gar im Brunnen der Vergesslichkeit versunken schien.

---

147 Profil, 24. April 1995, S. 50. (Ein beigegebenes Foto zeigt den Ordensmann in elegant-vornehmer Krawatte und blassblauem Hemd.)

148 F. KÖNIG, In Offenheit bekennen, dass wir alle in der Kirche Sünder sind. Die Presse, 14. April 1995, S. 3

149 Der »13.«, 13. April 1995, S. 11

150 Standard, 18. April 1995, S. 7

151 Kathpress, 13. April 1995, S. 3

152 Kathpress, 11. April 1995, S. 2f. (Weber, Kapellari). – Die Presse, 14. April 1995, S. 3 (König). – Kathpress, 19. April 1995, S. 9 (Lauterer); 24. Mai 1995, S. 7 (Wagner). – Das Wort vom *gläsernen Haus* fiel in einer Audienz für Journalisten am 27. Jänner 1984.

153 Vgl. FUX, Aufbau S. 46

In diesen Tagen ging auch ein Fax nach »Rom«, abgesandt von einer mündigen Christin, die die Situation in Wien recht gut charakterisierte. Es sei der Anspruch verleumdender Massenmedien, als moralische Gerichtsinstanz über die Kirche zu befinden. Der Kardinal werde um seiner Treue zur Wahrheit und zum Papst willen verfolgt, man versuche, ihn gesundheitlich und gesellschaftlich zu vernichten. Auf diese Ebene wolle der Wiener Erzbischof nicht herabsteigen und deshalb schweige er und wahre seine persönliche Freiheit und jene der Kirche. Ausgelöst wurde die Verfolgung Groërs durch dessen »Anmerkungen« zum Brief des Heiligen Vaters über die wiederverheirateten Geschiedenen: »Überlegungen zur römischen Epistel ›Annus Internationalis Familiae‹«. In einer Auflistung von 14 Schriftstellen hatte er u.a. auch 1 Kor 6,9 angeführt: *Täuscht euch nicht! Weder Unzüchtige noch Götzendiener, weder Ehebrecher noch Lustknaben noch Knabenschänder werden das Reich Gottes erben.* (Gedankenlos wird dieses Zitat immer als dem Fastenhirtenbrief des Kardinals zugehörig ausgewiesen.) Dessen Rücktritt könne nicht Gegenstand einer kirchenpolitisch-pastoralen Überlegung sein, denn dann werde sich der Vorgang bald bei einem anderen missliebigen Hirten wiederholen. Die Haltung der österreichischen Bischöfe sei sehr unterschiedlich, jene Bischof Krätzls aber *unglaublich*. Schönborn wird als sehr mitgenommen bezeichnet, sein alter Freund Kapellari als ausgesprochen verwirrt[154].

So war die Karwoche wirklich eine Karwoche und Groër selbst hatte das Bewusstsein, *dass Judas, Petrus und die anderen in der Passion unseres Heilands mit ih-*

---

154 Dieses Fax erging an Kardinal Ratzinger.

rem Verhalten jetzt und hier ›auferstanden‹ sind[155]. Wir geben das Wort nun einem unverdächtigen Zeitzeugen, der zugleich als bester Kenner der Medienszene legitimiert ist. Dr. Otto Schulmeister (1916–2001), langjähriger Herausgeber und Chefredakteur der »Presse«, schrieb am 11. April an den Kardinal:

> *Die Karwoche hat begonnen, eine solche wie diese haben wir als Christen noch nie erlebt. Was mit der Anschuldigung gegen Ihre Person begann, ist indessen zum Ansturm medialer Vernichtungsgewalt angewachsen, der sich noch ganz andere Kräfte verbünden. Sie stellen nicht nur unsere Kirche, sie stellen zugleich den Staat, die Gesellschaft wie die politische Klasse bloß. Das abschreckend-düstere Striptease wirkt noch schockierender, wenn sich darunter selbst Mitbrüder im bischöflichen Amt, Priester wie Laien mischen, auch wenn sie es mit ihrem Beitrag zu diesem Schauspiel für Gewissenstreue halten, für Dienst an der Wahrheit.*
>
> *Was für eine Karfreitagsstunde ist da über unser Vaterland gekommen? Was liegt diesem Ausbruch zugrunde? Wo und wann hat der Vater der Lüge mit solcher Aussaat begonnen? Auch wenn sich alles auf Ihre Person konzentriert, ist doch jedem Beobachter offenbar, dass dieser Angriff längst der Kirche als solcher gilt und mit der Kirche den Glauben und die religiöse Erziehung in Misskredit bringen will – seltsam gleichzeitig zur moralischen Krise der Republik wie dem Frust im Gesicht so vieler Passanten auf dem Graben wie anderswo. Wie schmerzlich für uns zu erfahren, wie auch Hierarchie und Klerus (samt »Laienräten« aller Art) sich an dieser Kampa-*

---

155   An Hannelore Stöger, 20. Mai 1995

gne beteiligen, als gäbe es da irgendeine andere Beute heimzutragen als die eigene Schande.

In einer solchen Stunde der Verwirrung möchten wir uns nicht einfach zur schweigenden, erbitterten, verzweifelten silent majority zählen, vielmehr Ihnen als unseren Bischof bekunden, dass wir einer Kirche angehören, die den Weg nach Golgotha und über das Kreuz zur Auferstehung nicht mit einer wüsten Zirkusarena verwechselt.

Das Gebet für diese Kirche, für Sie, Herr Kardinal, für alle, die jetzt stehen und erst recht für jene, die zu stolpern drohen, soll uns bei den Kartagen in Seckau begleiten ...

So kam der Karsamstag, und Kardinal König sprach im ORF. Untersuchung sei ein erster Schritt und er hoffe, dass alle Bischöfe bestrebt sein werden, Ordnung in die Sache zu bringen, und dort, wo noch keine Klarheit herrscht, diese zu schaffen. Er hoffe, *dass dort, wo durch ein klärendes Wort etwas Positives geschehen kann, dieses Wort auch gesprochen wird.* Die Bemühungen Webers in Richtung einer Untersuchung seien gut und richtig. Dass es für eine wie immer geartete »Untersuchung« keine kirchenrechtliche Legitimität gab, war König nicht bewusst, und dass die Unschuldsvermutung gelte und die Beweislast auf Seiten der Ankläger Groërs liege, sagte er nicht[156]. Weber musste freilich bald zugeben: *Ich hatte da die Idee mit dem Weisenrat, worauf ich feststellen musste, dass das auch kirchenrechtlich so nicht möglich ist*[157].

Muss man es noch eigens hervorheben, dass sich die Mehrzahl der Bischöfe, König mit inbegriffen, krasser juridischer Unkenntnis schuldig gemacht hat?

---

156 Kurier, 16. April 1995, S. 4
157 BRUCKMOSER, Weber S. 172

Der hl. Johannes Chrysostomus († 407) schrieb einst an Olympias, er fürchte niemanden so sehr wie Bischöfe, einige wenige ausgenommen[158].

Alle Mitarbeiter der Klerus-Kongregation in Rom versammelten sich am 12. April, dem Priesterweihetag Groërs, in der hauseigenen Kapelle »Madonna della Fiducia« zur Feier der hl. Messe, um den besonderen Schutz Mariens in diesen Tagen zu erbitten; und dies in besonderer Wertschätzung (des Wiener Kardinals)[159].

---

158 13. Brief an Olympias, c.4
159 Schreiben der Congregazione per il Clero, ddo. 12. April 1995, gez. Kardinalpräfekt Sanchez und Sekretär Sepe.

Das Schweigen des Kardinals

Als die Amtsperiode des Bundespräsidenten Dr. Rudolf Kirchschläger (1915–2000) zu Ende ging, hielt dieser selbstkritische Rückschau auf die vergangenen Jahre und meinte, es sei, vielleicht, unklug gewesen, dass er sich nicht auf das Feld der Berichtigungen eingelassen habe, wann immer die Medien unrichtige Behauptungen oder Interpretationen in die Welt gesetzt hätten. *Aber ich glaube, ein Bundespräsident soll nicht jedem Knochen nachlaufen, der ihm von einer Zeitung hingeworfen wird, und daran nagen (…). Die Tatsache eines fehlenden Dementis als Wahrheitsbeweis scheint mir doch ein zu bequemes Mittel zur Wahrheitsfindung*[160].

Das Schweigen des Kardinals brachte zum Ausdruck, dass er sich in keiner Weise zwingen lassen wollte, Stellungnahmen welcher Art auch immer abzugeben oder seine Ankläger als Gesprächspartner anzuerkennen[161]. Selbst die Strafprozessordnung hält ausdrücklich fest, dass ein Angeklagter nicht zur Aussage gezwungen werden dürfe[162]. Groër nahm für sich dieses Recht in Anspruch angesichts eines Medientribunals, dessen Absichten ja offen zu Tage lagen[163]. Vom Start weg war es nicht das Anliegen des »Profil« und all derer, die sich in

---

160 Furche, 11. Juli 1986, S. 8
161 Deshalb die Qualifizierung als *trotziges Schweigen*: Profil, 3. Juni 1995, S. 25 (Votzi)
162 Vgl. Furche, 6. Sept. 1985, S. 5 (W. Brandstetter)
163 Vgl. Kleine Zeitung, 29. April 1995, S. 28 (Gastkommentar von Wolfgang Arnold)

die Allianz der Anklage einreihten, irgendwelche Unklarheiten zu beseitigen oder gar gemeinsam nach der Wahrheit zu suchen: Sie glaubten, diese längst zu kennen, und alles Geschrei, der Kardinal solle reden, hatte ja nur den Sinn, seine Selbstanklage und das Eingeständnis seiner »Schuld« zu erpressen. So wie einer den anderen an der Gurgel packt und ihm ins Gesicht brüllt: *Gestehe, du Ruchloser!* (Dagobert Lindlau)[164]. In Wirklichkeit war nur diese einzige Erklärung zugelassen: »Ja, ich war ein Sittenstrolch!«

Das lässt sich unter anderem durch zwei Vorkommnisse belegen. D. K., eine couragierte Dame, machte sich kurzerhand auf den Weg in das Hauptquartier des »Profil« in der Mark-Aurel-Straße in Wien I., um in der »Causa Groër« als Zeugin auszusagen. Als man aber in der Redaktion merkte, dass sie <u>für</u> den Kardinal testieren wollte, bedeutete man ihr umgehend, man sei daran nicht interessiert. Ähnlich der ORF: A. F. bemühte sich um die Möglichkeit, in den TV-Nachrichten (ZiB 1) etwas sagen zu können, doch bald wurde ihm mitgeteilt, dass man an seine Mitwirkung nicht denke, da er nämlich erklärt hatte, er wolle <u>für</u> Groër aussagen.

Das Schweigen des Kardinals störte gewaltig. Hubertus Czernin (1956–2006), der Herausgeber des »Profil«, hatte mit vielem gerechnet, doch nicht damit, dass von der Seite Groërs *überhaupt nichts kommt*[165]. Auch Votzi fühlte sich dadurch mächtig irritiert, denn er hatte erwartet, der Kardinal werde wenigstens auf einige ihn entlastende »Indizien« verweisen. Das Schicksal solcher »Hinweise« wäre klar vorherzusehen gewesen: Die mediale Jagdgesellschaft hätte Groër ein Ping-Pong-Spiel

---

164 Standard, 8./9. April 1995, S. 39
165 Falter, Nr.14/1995, S. 17

aufgezwungen, bei dem der Kardinal nur der Verlierer sein konnte, das »Profil« aber keine Absatzsorgen mehr gehabt hätte[166]. Sollte der Kardinal am Ende in die Knie gehen und die Öffentlichkeit anbetteln: »Ach, bitte, bitte, glaubt mir doch!?« Kann man mit jemandem, der öffentlich sagt: *Ich war Groërs Lustknabe*, einen Dialog führen? Ein Gespräch »Groër-Hartmann« vor laufenden Kameras wäre der Wunschtraum Votzis und, seiner Meinung nach, *auch sehr spannend* gewesen[167].

Ein Lok-Führer der ÖBB nahm sich diesbezüglich kein Blatt vor den Mund und verwies darauf, dass er 1,5 Millionen gefahrene Kilometer hinter sich habe. *Ich weiß, wie man sich so auf die Gleise legt, dass der Triebfahrzeugführer* <u>nicht</u> *merkt, dass er da gerade jemanden überfahren hat. Eine ganze Latte von Leuten hätte sich gefreut (...). Sagen Sie doch um Gottes willen, dass Sie nicht beabsichtigen, mit dieser (...) -Bagage zu diskutieren*[168].

Groër muss klagen oder gehen! Peter Michael Lingens, ein freier Denker, formulierte am 29. März diese »Schach-Ansage« und konnte als Redakteur des »Profil« das Magazin in jedem Fall erfolgreich wissen[169]. Ähnlich äußerten sich die »Furche«[170], Abt Angerer[171], der grüne Abgeordnete Renoldner[172] und »Die ganze Woche«[173].

---

166 So sah es auch M. Th. Hemberger: *Meines Erachtens wird eine Erklärung sehr wahrscheinlich nur die Forderung nach weiteren Erklärungen nach sich ziehen, das Frage-Antwort-Spiel wäre damit eröffnet.*
167 Vgl. Profil, 15. Mai 1995, S. 17
168 R.M., Gloggnitz, 10. April 1995
169 Standard, 29. März 1995, S. 31
170 Furche, 30. März 1995, S. 5
171 Die Presse, 4. April 1995, S. 7
172 Kurier, 6. April 1995, S. 1.3
173 Die ganze Woche, 5. April 1995, S. 4

Doch der Kardinal schwieg und wurde darin von zwei Rechtsgutachten bestärkt. Bereits am 27. März hatte der Rechtsberater der Bischofskonferenz Dr. Walter Hagel ein Votum vorgelegt, demzufolge die Staatsanwaltschaft nur über ausdrückliches Verlangen des Kardinals Anklage erheben würde. Sowohl bei einem Verfahren wegen Verleumdung als auch wegen übler Nachrede wäre seine gerichtliche Einvernahme unerlässlich[174]. Auch der Ordinarius für Strafrecht und Strafprozessrecht an der Wiener Universität Winfried Platzgummer riet von einer Klage dringend ab, denn die Folgen seien unabdingbar viele Scherereien und ein langes, unwürdiges Verfahren; es wäre kein geeignetes Mittel, den geschädigten Ruf wiederherzustellen, sondern böte durch die Einräumung des Wahrheitsbeweises den Geklagten immer neu die Möglichkeit, ihn in den Schmutz zu ziehen. Wenn Groër klage, dann sei ein Sensationsprozess die Folge, und das könne dem »Profil« nur recht sein[175]. Auch eine Beschlagnahme des Magazins wäre der Profil-Redaktion nur willkommen gewesen. Groër qualifizierte ein derartiges Vorgehen als »Flucht« und als »Gewaltanwendung«, was nicht im Sinne Jesu Christi sein könne, der am Ölberg zu Petrus gesagt hatte: *Glaubst du nicht, mein Vater würde mir sogleich mehr als zwölf Legionen Engel schicken, wenn ich ihn darum bitte?* (Mt 26,53)[176].

Also schwieg der Kardinal – im Bewusstsein seiner Würde und im Wissen, dass nachgiebige Willfährigkeit einen verhängnisvollen Präzedenzfall schaffen würde. Das Verharren im Schweigen hatte zweifellos und nicht zuletzt auch eine religiöse Dimension, auf die zu-

174 Aktenvermerk Gegenstand Profil 13/95, ddo. 27. März 1995
175 Kathpress, 30. März 1995, S. 5
176 Groër an M. Hartinger, 29. Mai 1995

erst Schönborn hingewiesen hatte: Auch Jesus habe vor seinen Richtern geschwiegen (vgl. Joh 19,9)[177]. Die Zeitgleichheit des Tumultes mit der Quadragesima und dem Geschehen der Karwoche ist auffallend. Darauf hinzuweisen erschien jedoch Zulehner und anderen geradezu als blasphemisch[178]. Aber die Vergegenwärtigung der Passion Christi ist in so manchem Heiligenleben deutlich greifbar. Als Beispiel sei hier lediglich die hl. Euphrasia Pelletier (1796–1868), die Gründerin der Kongregation vom »Guten Hirten«, genannt, die von einem ganzen Dutzend französischer Bischöfe in Rom verklagt worden war. *Welche Verleumdungen hat man nicht nach Rom getragen! (…) Ich entscheide mich für Beten und Schweigen.* Sie wiederholt es: *Meine ganze Kraft liegt im Beten und Schweigen.* Ferner hören wir aus ihrem Mund: *Schweigen, warten, leiden, hoffen; die allerseligste Jungfrau hört nicht auf, mir diese Lehren zu geben*[179]. In diesen Worten spricht sich auch die Seele des Kardinals ganz aus. Er machte sich das Wort Elbert Hubbards (1856–1915) zu Eigen: »Wer dein Schweigen nicht versteht, versteht auch dein Wort nicht.«

Eine Durchsicht der Privatkorrespondenz Groërs zeigt klar, dass er in einem tiefen Frieden verharrte. Es war mehr denn je ein sehr umfangreicher Schriftverkehr, dem sich der Kardinal widmete, hielt er doch an seinem Grundsatz fest, möglichst keinen der eingehenden Briefe ohne Antwort zu lassen. Nie finden sich irgendwelche Ausfälle, Entgleisungen, Drohungen, Indizien für Hader oder Verzweiflung. *Ich bewundere Ihre*

---

177 Kathpress, 28. März 1995, S. 2

178 So auch Weber. Kathpress, 11. April 1995, S. 2

179 Vgl. I. FUX, Schweigen, warten, leiden, hoffen. Die hl. Maria Euphrasia Pelletier (1796–1868). Gottgeweiht 4, 1991, S. 43–47

Contenance, heißt es in einer Zuschrift[180], und diese zeigte sich auch in Groërs Antwortbriefen. Es war ihm ein innerstes Bedürfnis, für alle Bezeugungen des Mitgefühls, vor allem aber des Gebetes Dank zu sagen. Wohl sprach er von außerordentlichen Prüfungen, von Kreuz und Bedrängnis, von einem geradezu *satanischen Überfall*[181], *vom Willen zur Vernichtung*[182]. Er nannte es ein großes Geheimnis der Vorsehung gegenüber dem *Totalangriff des Bösen* und gebrauchte das Wort von den *Menschenverächtern*, die eine andere Kirche als jene Jesu Christi suchten; *nichts ist ihnen schlecht genug*[183]. Es sei das alles ein *bitterster Kreuzweg*. Er dankte für den Hinweis auf Maria *in diesen schweren, schrecklichen Tagen*[184] und dachte an das Sprichwort: *In der Not gehen hundert Freunde auf ein Lot*; er habe fast keinen, der Freundschaft hält und beweist. Es war sein Karfreitag. Als I. St. ihn als einen *so demütigen und geduldigen Kardinal* lobte, antwortete er: *Wäre ich nur so! Jetzt ist das alles sehr schwer geworden*, er wolle aber dennoch sein Ja sagen – *zum Karfreitag und zu allem Weiteren*... Doch erkennt er seine gegenwärtige Bedrängnis nicht *nur als Prüfung, sondern als Gnade zur Wandlung*[185]. Der *Keulenschlag* sei ihm ein Rätsel[186], doch wolle er im Glauben an die göttliche Vorsehung bleiben und keine weitere Stellungnahme abgeben. Der Name *Graz* sei ihm jedoch schon fast zu einem Synonym für

180 *... mit der Sie am Freitagabend bei Pro Oriente in der Universität scherzen konnten.* Franz J.Rupprecht an Groër, 26. März 1995
181 An K.A., 11. April 1995
182 An H.S., 28. März 1995. – An C.K., 13. April 1995
183 An W.S., 12. April 1995
184 An W.G., 19. April 1995
185 An K.K., 19. April 1995
186 An Bischof Gijsen, 12. April 1995. – Ebenso an L. Bichler, 12. April 1995

Schrecken geworden[187]… Das alles sei schlimmer als der Brand des von St. Benedikt erbauten Klosters auf dem Monte Cassino[188]. Es sei eine Hölle[189].

Auch wenn er auf Hartmann zu sprechen kam, verblieb er im inneren Gleichgewicht. Er sprach von den *Leiden des ungetreuen jungen Mannes*[190] und sagte, dass leider all das, was mit der Person des ehemaligen Schülers zusammenhänge, viel schlimmer sei. *Da ich nicht zu den Beschuldigern gehörte und gehöre, will ich hier nur mein Bedauern zum Ausdruck bringen*[191]. Und ein ehemaliger Schüler war überzeugt: *Ich weiß, dass Du Hartmann alles verzeihst*[192]!

Es ging ihm zu Herzen, wenn er vom Gebet so vieler für ihn vernahm, und es ist sehr wahrscheinlich, dass noch nie in seinem Leben so viel für ihn gebetet worden war wie in diesen Wochen. *Ich habe nie aufgehört für Sie zu beten*, schrieb ein Korrespondent bereits am 27. März[193]. Groër bat auch von sich aus um das Gebet, etwa mit den Worten: *Dass ich nicht verzage, sondern jetzt erst recht als Jünger Christi vorangehe*[194]! Das Gebet sei wirklich alles, *was allein helfen kann*[195]. Deshalb war es seine größte Bitte: *Helfen Sie mir durch Ihr Gebet*[196]!

Es waren wiederum sehr viele, die eine tief empfundene Dankbarkeit für ihn zum Ausdruck brachten, Liebe und höchste Wertschätzung. *Danke für Ihre Heilig-*

187 An L. Bichler, 12. April 1995
188 An R.B., 15. April 1995
189 An Norbert Fuß, 19. April 1995
190 An C. Waldburg-Zeil, 11. April 1995
191 An E. Wimmer, 12. April 1995
192 A. Fischer an Groër, 10. April 1995
193 O.A. an Groër, 27. März 1995
194 An S. M.M., 18. April 1995
195 An E.S.B., 11. April 1995
196 An M.H.M., 19. April 1995

keit, Ihre Liebe und Hingabe[197], hieß es da zum Beispiel, oder: *Wie wunderbar, dass es Sie gibt, dass wir Sie haben dürfen!* (Taddeusz Styczen, Lublin)[198]. *Sie waren mir ein sehr guter Beichtvater (…), Ihr priesterlicher Einsatz ist vorbildhaft,* schrieb ein ehemaliger Schüler[199]. *Wir bewundern Ihre tiefe Demut und Ihren Glauben*[200]. *Wir sehen Sie (…) als unseren heiligen Kardinal* (M. E.). Und D. Kjaergaard schrieb kurz und bündig: *Danke! Ich bin so stolz auf Sie…* Ein anderer beteuerte: *Ihre Hilfe werde ich mein Leben lang nicht vergessen*[201]! Helmut Zilk, der Bürgermeister von Wien, schrieb, dass er und seine Gattin ihn nicht ihrer Zuneigung versichern müssten; er bete, *dass diese Zeit der schrecklichen Prüfung bald vorbei ziehen möge… Wir haben nur einen Wunsch, dass wir ungeachtet aller Ereignisse unseren Hochzeitstag jedenfalls mit Ihnen gemeinsam verbringen dürfen*[202].

Seine vielen Korrespondenten in diesen Tagen betrachtete er als Menschen, die ihn auch in der gegenwärtigen Bedrängnis besuchten – und dies auf dem Postweg[203]. Als eine Schreiberin dringend bat, er möge doch ja nicht zurücktreten, antwortete er, dass er diese Bitte gerne erfüllen wolle, *wenn mir nicht befohlen wird, sie* [die Diözese] *zu verlassen.* Er werde so lange bleiben, *als es dem Heiligen Vater gut erscheint*[204]. – *Bleiben Sie bei uns,* schrieb Maria Wetschauer, *Sie gehören zu uns wie der Stephansdom zu Wien (…). Sie sind ein heiligmäßi-*

---

197 G. Mayr-Melnhof, 28. März 1995
198 27. März 1995
199 G.B., 28. März 1995
200 A. Fischer an Groër, 28. März 1995
201 K. Rauchberger an Groër, 10. April 1995
202 Zilk an Groër, 10. April 1995
203 An T.Z.B., 13. April 1995
204 An M. Moser, 10. April 1995

ger Priester[205]! Als eine Protestantin ihm anvertraute, sie fühle sich jetzt mehr denn je zur Konversion gedrängt, antwortete der Kardinal, er wäre bereit, ihr bei der Vorbereitung zu helfen – *auch noch vor Ostern.* Er fügte den Wunsch hinzu, *dass aus dem bittersten Kreuz meines Weges für Sie Gnade in Fülle werden möge*[206]...

Dass er auf briefliche Invektiven wie: *Verschwinden Sie! Gehen Sie zum Teufel!*, nicht antwortete, versteht sich von selbst. Wenn aber jemand mit der Möglichkeit seines Verschuldens rechnete und dabei den Raum des Höflichen nicht verließ, so antwortete er beispielsweise mit den Worten: *Wenngleich ich alle Ihre Annahmen von Schuld meinerseits keineswegs bestätigen kann*[207]... Er sprach von schmerzlichen, gefährlichen, doch *nach wie vor ungerechtfertigten Anschuldigungen*; er glaube aber an die Vorsehung, *die es besser weiß*[208]. Bei allem Harten, – *was ist das alles im Vergleich zu dem, was ER, das Gotteslamm, für uns erlitten hat?* (an R. K.)

In einem Schreiben an einen priesterlichen Mitbruder legte er die Motivation seines Schweigens offen, das mit Strafrecht oder Beichtgeheimnis nichts zu tun habe. Es gab da bei Ausbruch des Sturmes einen *anderen, ganz schwerwiegenden Grund. Dass es nicht (mehr) um meine Person, sondern um die Glaubwürdigkeit der Kirche geht, weiss ich schon seit Jahren, habe deshalb auch jahrelang schwerste Lasten zu tragen*[209]. Worum ging es also wirklich? Es ist Zeit, nach den Hintergründen der Kampagne zu fragen.

---

205 An Groër, 10. April 1995
206 An H.B., 4. April 1995
207 An I.P., 14. April 1995
208 An J.O., 11. April 1995
209 An H.P., 15. April 1995

Die Hintergründe

Was sich bei der Ernennung des P. Hermann Groër im Juli 1986 gezeigt hatte, trat auch bei der Profil-Attacke im März 1995 klar zutage: eine abgrundtiefe, hasserfüllte Ablehnung der kirchlichen Morallehre, insbesondere im Bereich des 6. Gebotes. So als würde da ein enormer Rechtfertigungsbedarf bestehen; so als würden sich die Protagonisten der »neuen« Moral, die mit den gesellschaftlichen Fakten der Gegenwart konform sein müsste, unter Anklage sehen. Verbündete dafür, und dies in nicht geringer Zahl, fanden und finden sich im Klerus selbst, höheren und niederen Ranges, die unter dem Titel von Menschlichkeit und Barmherzigkeit für die Liberalisierung der vorehelichen Beziehungen kämpften, für die Anerkennung der Legitimität außerehelicher Verbindungen und von Nachfolge-Beziehungen nach gescheiterten Ehen, für die »Entkoppelung« von Sexualität und Fortpflanzung, von Priestertum und Zölibat. Natürlich durfte das Thema der Homosexualität dabei nicht fehlen. Bei der Durchsetzung dieser Ziele mussten der Papst und einige, gewisse Bischöfe – nicht alle – als das größte und unverzeihlichste Hindernis erscheinen.

Das alles kann unter anderem in den Profil-Ausgaben vom Sommer und Herbst 1986 nachgelesen werden; ein Dauerthema auch der brüderlichen Medien. Es begegnet aber auch und sofort in der Profil-Ausgabe vom 27. März 1995: *Natürlich kann man diesen Fall* (= Groër) auch als Folge der katholischen Sexualmoral sehen, unter der nicht nur viele Gläubige, sondern auch Mitglieder des Klerus leiden[210]. Man erfährt, dass in Amerika – angeblich – nur 2 % der Kapläne keusch lebten[211]. Prof. Rotter SJ setzte am nächsten Tag mit einer Kritik am »Pflicht-Zölibat« fort[212]. Da stand Hans Rauscher vom »Kurier« in nichts nach: Die sogenannten papsttreuen Bischöfe seien von Themen der Sexualmoral geradezu »besessen«, auch in Dingen, die die Mehrheit des Volkes gar nicht mehr als Sünde empfinde[213]. Die Bischofskonferenz sollte, endlich, den Priesterverfehlungen ins Auge blicken. Nach Votzi habe »Profil« ja nur die Spitze eines Eisberges aufgedeckt, was den Umgang mit der Sexualität seitens der Priester anbelangt und was das Schicksal von Menschen, die diesen anvertraut sind, betreffe. Wie schön, wie befreiend wäre es doch, wenn der Klerus insgesamt ein Bekenntnis seines sittlichen Versagens ablegen und sich des Rechtes begeben würde, anderen moralische Forderungen aufzuerlegen! Zu Recht erklärte also G. Henckel-Donnersmarck, der eigentliche Angriffspunkt sei der Zölibat[214].

Hubert Feichtlbauer, ein unermüdlicher Apologet sexueller Lustgefühle, leistete da gern Schützenhilfe, plädierte er doch für die *gottgewollte Weite einer zeitgemäßen, beglückenden Kultur der Erotik*, indem er gleichzeitig der Kirche hoffnungslose Weltfremdheit

210 Profil, 27. März 1995, S. 7 (Votzi)
211 Ebd. S. 70
212 Die Presse, 29. März 1995, S. 6
213 Der Hinweis auf das »Volksempfinden« als Rechts- und Normenquelle ist nicht nur für den Historiker interessant und die Aussage über »Besessenheit« wird wohl auch als Aussage über den Aussagenden selbst aufgefasst werden dürfen. – Kurier, 29. März 1995, S. 2
214 Kathpress, 1. April 1995, S. 3

attestierte. Der Fortschritt der natürlichen Evolution könnte ja auch darin bestehen, *sexuelle Freuden ohne Befruchtung zu ermöglichen*[215]. In dieser Blickrichtung sprach auch Weber: Sexualität sei eine wesentliche Dimension menschlichen Lebens und echtes Lebensglück solle sich in Fülle entfalten können. *Die Kirche ist nicht dazu da, den Christen das Leben zu vermiesen*[216]. So sei also Kardinal Groër gar nicht der Täter, schrieb Eugen Drewermann, er sei vielmehr auch ein Opfer des falschen, triebversagenden Moralsystems (10. April).

Solche Botschaften waren durchaus im Sinn leitender ORF-Journalisten. Diese wussten, wen sie zu den Talk-Shows einladen sollten, Udo Fischer etwa oder den Ex-Priester Richard Picker, Paul Zulehner, Superintendentin Gertraud Knoll oder Heide Schmidt (Liberales Forum). In dieser »Besetzung« debattierte man vor den Kameras über das vielversprechende Thema »Verdammt und verdrängt. Kirche und Sexualität« (2. April). Selbstverständlich durfte auch der Ex-Priester Adolf Holl seine Ansichten vor ORF-Mikrophonen ausbreiten. Ebenso selbstverständlich war es, dass die Show-Sendung »Schiejok täglich« den Zölibats-Zug nicht abfahren lassen wollte, ohne eine eigene Hotline einzurichten: *Wer ein langjähriges Verhältnis legalisieren will, ist herzlich eingeladen anzurufen oder es am 18. April auch vor laufender Kamera im Studio zu sagen.* Gerhard Weis, ab 1994 Hörfunk-Intendant und ab 1997 Generalintendant des ORF wird es dann deutlich aussprechen, es gehe nicht nur um Information, sondern auch um deren Sinn und Deutung. Der ORF wolle Orientierung anbieten[217]…

---

215 Salzburger Nachrichten, 1. April 1995, S. 3
216 Kleine Zeitung, 16. April 1995, S. 5
217 Kathpress, 11. Dez. 1997, S. 14

All dem stand Groër natürlich als Hindernis entgegen: *Wenngleich Christus selbst die Ehelosigkeit als Ausdruck liebender Suche nach dem Himmelreich bezeichnete, wird er jetzt sogar schon in der lateinischen Kirche allenthalben abgelehnt, ja ›verteufelt‹*[218].

Nun war aber auch die traditionelle Priesterausbildung für die Justifizierung reif geworden. Sie müsse auf Persönlichkeitsbildung und Integration des Geschlechtstriebes achten (Zulehner). Die Junktimierung von Zölibat und Priesteramt wäre seitens der Kirche *sehr ernstlich zu überlegen*, sagte nun auch Schüller. Die »Causa Groër« rühre an die Kernbereiche der Kirche und das wolle sagen, an die *vom Papst vertretende Auffassung von Sexualmoral, Zölibat und Ehelosigkeit* (Czernin). Im Hinblick auf Frauen, Zölibat und Homosexualität verbreitete sich ebenso Peter M. Lingens. Da glaubte auch der evangelische Bischof Dieter Knall nicht länger schweigen zu dürfen und begrüßte es, dass die alten Themen seit der Reformationszeit wieder *auf den Tisch* kämen: Zölibat und Frauen[219]. Doch was soll man vom Klerus als *zölibatärem Männerklub* schon erwarten[220]? Da erinnerte sich auch eine Dame an ihre Zeit als Pfadfinderin in Hollabrunn, in der Groër den Mädchen immer wieder habe fühlen lassen, sie seien Menschen zweiten Ranges, habe er doch gesagt, ein Mädchen müsse sein *wie eine feste Burg*[221]. Das Verbot vorehelicher Geschlechtsbeziehungen sei doch ohnedies *theologischer Unsinn* (Rotter)[222]. Als Bischof Krenn sich die Bemerkung entlocken ließ, er sei in seinem Leben

218   An M. Slama, 17. Mai 1995
219   Die Presse, 6. April 1995, S. 7
220   Salzburger Nachrichten, 8. April 1995, S. 1 (Bruckmoser)
221   Standard, 11. April 1995, S. 27
222   Standard, 26. Mai 1995, S. 6

nie verliebt gewesen, wurde dies mit Entrüstung als gravierender »Defekt« gewertet[223].

Was nun den psychologischen Stellenwert von »Entrüstung« anbelangt, hat Alois Kraxner CSsR (1933–2010) darauf aufmerksam gemacht, dass da ein allgemein verbreitetes Bedürfnis der Menschen vorliege, sich über die Schlechtigkeit anderer entrüsten zu können; ein Suchen nach Möglichkeiten, die dem eigenen – schlechten – Gewissen Entlastung bringen sollten.

Für beides eignen sich in hervorragender Weise Prominente, die in aller Öffentlichkeit eines Vergehens oder eines Verbrechens angeklagt werden. Weil viele sich über eigene Sünden nicht entrüsten können oder wollen, entrüsten sie sich umso mehr über die Sünden von Prominenten.

Wenn *die da oben*, die doch Vorbilder sein sollten, solche Vergehen auf sich laden, dann wird man sich selber nicht mehr als schlechter Mensch fühlen müssen.

Sündenböcke, über die man sich entrüsten kann und die einen zur gleichen Zeit entlasten, sind immer gesucht, besonders geeignet sind dazu angeklagte Priester, Bischöfe und Kardinäle, die von Amts wegen die Moral vertreten[224].

Revolutionäre, aufbegehrende Strömungen neigen außerdem dazu, sich selbst und das, was sie bereits durchgesetzt haben, dadurch zu legitimieren, dass sie die rechtmäßigen Träger der Autorität der gesellschaftlichen Vernichtung überantworten. So lässt es sich in der Französischen Revolution beobachten, die Marie Antoinette in ein sexuelles Ungeheuer, allen Abscheus über-

223 News, 13. April 1995, S. 15 (Pelinka)
224 Furche, 13. April 1995, S. 4. –Vgl. dazu K. BREITENFELLNER, Wir Opfer. Warum der Sündenbock unsere Kultur bestimmt, München 2013

aus würdig, verwandelte und sie publizistisch ermordete, bevor ihr noch die Guillotine das physische Leben nahm[225]. Die Revolution in der österreichischen Kirche, die 1995 einen ersten Höhepunkt erreichte, richtete sich im Grunde nicht gegen Groër persönlich, sondern gegen den, der ihn ernannt hatte und als Papst die ganze Kirche zu leiten beauftragt war. *Es ist ein Machtkampf entbrannt*; die Auseinandersetzungen um den Wiener Erzbischof, so las man in der »Welt«, hätten sich inzwischen vom inkriminierten Tatbestand, der dem 75jährigen vorgeworfen wird, fast losgelöst. *Warum fand sich kein Ankläger, als Groër 1986 zum Erzbischof ernannt wurde? Warum wurde die Unschuldsvermutung, auf die jedermann ein Recht hat, im Fall Groër sofort außer Kraft gesetzt? Über die Glaubwürdigkeit der Zeugen wurden noch gar keine Überlegungen angestellt*[226].

Alles in allem: Es war erneut deutlich geworden, dass der Stachel tief und schmerzend im Fleisch liberaler Kritiker saß und dass ihre Feindschaft gegenüber Zölibat, Keuschheit und ehelicher Ordnung eine Todfeindschaft war. Diese Aggressivität konkretisierte sich am Lehramt des Papstes, das als Privatmeinung des Bischofs von Rom ausgegeben wurde, und an der Treue so mancher Bischöfe gegenüber diesem Lehramt. Hätten Letztere erklärt: »Es tut uns leid, wir haben uns geirrt; macht, wie ihr glaubt, ihr versteht es besser und es ist eure Pflicht, eurem Gewissen zu folgen!«, – sie wären sofort zu weltoffenen, aufgeschlossenen, gesellschaftskonformen, die Zeichen der Zeit verstehenden, mutma

---

225 Vgl. Stefan ZWEIG, Marie Antoinette. Bildnis eines mittleren Charakters, Frankfurt 1997, S. 509–529 (Kap. »Die große Infamie«)

226 C.G. STRÖHM, Weltliches Österreich, in: Die Welt, 13. April 1995

chenden und deshalb akzeptierten Bischöfen geworden, die nachhaltigen Applaus verdienten.

Da waren nun Groër und Krenn insofern hoffnungslose Fälle, da an ihrer Treue und an ihrem Gehorsam gegenüber dem Papst kein Zweifel möglich war. Also mussten andere Strategien verfolgt werden: Groër muss endlich und je früher desto besser das Feld räumen, weg mit ihm[227]! Und Krenn darf auf keinen Fall sein Nachfolger werden.

Der hasserfüllte Zorn, der Krenn von Anfang an entgegenschlug, war in seiner Genesis von dessen Amtsführung als Weihbischof und als Diözesan von St. Pölten unabhängig, denn sein Agieren und Regieren hätte man ja zunächst abwarten müssen. Es war vor allem die bereits angedeutete, hochvirulente Sorge und Befürchtung seiner zahlreichen Gegner, Krenn könnte vom Heiligen Vater für den erzbischöflichen Stuhl von Wien vorgesehen sein. Deshalb sollte »Rom« vor Augen geführt werden: Wo Krenn, da Unfriede, Unordnung, Unstimmigkeit, Ablehnung durch das Volk Gottes, Widerspruch, Destabilisierung, ja Chaos. An Demagogen fehlte es nicht, und die Argumentation war weithin primitiv und niveaulos. Was immer Krenn tat oder nicht tat, was er sagte oder nicht sagte, – die Rolle des bösen Krokodils auf der medialen Bühne war ihm sicher.

Da bot die Publikation der »römischen Epistel« über den Kommunionempfang der wiederverheirateten Geschiedenen die im Grunde sehr erwünschte Handhabe, und da Bischof Krenn nicht zögerte, göttliches Recht und Gehorsam gegenüber dem Lehramt der Kirche einzufordern, war es ein Leichtes, Zorn und Unmut nicht

---

227   Die Absicht, Groër zur Resignation zu bewegen, wäre *fast mit Händen zu greifen*. Heribert Holzer an Groër, 27. März 1995

nur zu erzeugen, sondern auch zu lenken, natürlich im Wissen, dass die Bischofskonferenz in diesem Bereich nicht homogen war.

In St. Pölten war daher wieder eine Demonstration fällig, veranstaltet am 18. Dezember 1994 von der »Arbeitsgemeinschaft katholischer Jugend« auf dem Domplatz der Bischofsstadt[228]. Offiziell ging es um finanzielle Unterstützung der diözesanen Jugendarbeit, doch reiste interessanterweise auch eine größere Gruppe von Aktivisten aus der Steiermark an, die ihre Plakate und Transparente, die sie im Grazer Bischofshaus angefertigt hatten, vorsorglich mitbrachte. Einem »Runden Tisch« wurden nun die Beine abgesägt, ein Demonstrant seilte sich vom hohen Turm der Domkirche ab, ein Erwählter schlug »Thesen« an das Domportal an, die Äbte und Ordensgemeinschaften der Diözese sandten eine Grußbotschaft und Bischof Krenn diskutierte 1½ Stunden mit den jungen Leuten. Also fand die umfragegestützte Behauptung Paul Zulehners, Krenn sei der unbeliebteste Bischof Österreichs, neue Zustimmung, und nach der »Furche« würden die Zustände in der Diözese St. Pölten *immer peinlicher*[229]. Käme Krenn nach Wien, wäre dies eine Katastrophe (Boberski), und auch Politiker wie Josef Cap (SPÖ) fühlten sich nun veranlasst, vor Krenn zu warnen[230].

Da behauptete das Magazin »News«, es sei im Besitz eines vatikanischen Geheimdossiers, demzufolge der Papst wie auch Kardinal Groër Krenn als nächsten Erzbischof von Wien favorisiere, in welchem Sinn

228 Kathpress, 20. Dez. 1994, S. 6f. – o.k. Offene Kirche, Jänner 1995, S. 2. – Kirche Intern, 1/1995, S. 24f.

229 Furche, 23. März 1995, S. 7 (Feichtlbauer)

230 Salzburger Nachrichten, 7. April 1995, S. 3. – Kathpress, 26. März 1995, S. 2

auch Erzbischof Jaworski, Lemberg, eifrig tätig wäre. Die »Presse« bezeichnete am 17. März den Bischof von St. Pölten als *ehrgeizigen Taktierer*, der wisse, dass die Zeit gegen ihn arbeite[231]. Was nützte da ein Dementi Krenns? Es gab nur Anlass zu neuen missgünstigen Unterstellungen. Doch nun, nach Ausbruch der »Affäre Groër«, seien gottlob seine Chancen gegen Null gesunken[232]. Ob da nicht ein Zusammenhang zwischen der »Affäre« und der Nachfolge Groërs bestehe? Czernin antwortete darauf, er halte dies für ein *schwachsinniges Argument*, und Votzi versicherte treuherzig: *Wir machen nicht Kirchenpolitik*[233].

So wurde erneut das Thema »Bischofsernennungen« aktualisiert und auch von der Plattform »Wir sind Kirche« in die Öffentlichkeit getragen. Das »Kirchenvolksbegehren« nahm langsam Gestalt an. Ohne Einflussnahme auf die Ernennung von Bischöfen ließe sich die »neue« Kirche nicht verwirklichen. Paul Zulehner beeilte sich, diesbezüglich einen *ernsthaften Nachdenkprozess* einzumahnen[234]. Auch Dekan Liebmann in Graz verlangte mehr Mitspracherecht seitens der Ortskirchen, denn die bisherige Praxis hätte sich nicht bewährt[235]. Die »vernetzten« Pastoraltheologen Österreichs zogen gleich am nächsten Tag nach: Die demnächst zu ernennenden Bischöfe müssten erfahrene, für das Evangelium gewinnende Seelsorger sein, *die mit starken Visionen dem Kirchenvolk vorangehen*[236]. Und in der »Presse« las man den Vorwurf, der Papst habe

231 Die Presse, 17. März 1995, S. 3
232 Profil, 3. April 1995, S. 30
233 Kurier, 28. März 1995
234 Die Presse, 4. April 1995, S. 7
235 Die Presse, 7. April 1995, S. 6
236 Kathpress, 11. April 1995, S. 7

es sehr effizient verstanden, bei der Ernennung von Bischöfen *die Fäden zu ziehen*[237]. Längst vergessen war die Mahnung des Heiligen Vaters an die österreichischen Bischöfe im Juni 1987: *Ihr dürft keinen Zweifel am Recht des Papstes zur freien Ernennung der Bischöfe aufkommen lassen.*

Da plädierte Reinhold Stecher, zorniger Impulsivhandlungen durchaus fähig, wie er dies bei der Herbstkonferenz der österreichischen Bischöfe in Göttweig bewiesen hatte, auch zu Anfang 1995 für das »Miteinander« bei Ernennungen. Für Weber war es eine Frage, *auf welche Weise welche Bischöfe* ernannt würden[238]; Befragung durch den Nuntius dürfe keine Alibi-Handlung sein. Auch Kardinal König schlug in dieselbe Kerbe, wenn er ein neues Klima des Vertrauens *zwischen Zentrum und Ortskirche* verlangte, in dem dann die Besetzung der Bischofsstühle erfolgen sollte. Da durfte auch Krätzl nicht fehlen: Die Kirche am Ort und das Volk Gottes müssten viel mehr Gehör finden[239].

So lässt sich die von Anfang an häufig gestellte Frage nach dem Zeitpunkt der Attacke mit hinreichender Sicherheit beantworten. Warum gerade jetzt[240]? Warum geht Hartmann nach zwanzig Jahren an die Öffentlichkeit? *Es ist doch mehr als auffällig, gerade jetzt mit jahrzehntealten Sudeleien zu kommen* (Lueghammer). Doch kein »guter« Journalist wird derart explosive Geschichten sofort, da sie ihm zugetragen werden, auf den

---

237 Die Presse, 8. April 1995, S. 3
238 Standard, 31. Mai 1995, S. 6
239 KRÄTZL, Kirche im Zeitgespräch S. 63
240 Univ.Prof. Dr. Ernst Topitsch, Graz: *Hier handelt es sich möglicherweise um den Teil einer generalstabsmäßig geplanten Kampagne gegen alles, was sich dem linken Konformitätsdruck widersetzt.* Kleine Zeitung, 8. April 1995. – Erzbischof Eder: *ein Schlachtplan… An Groër, 20. Juni 1995*

Markt werfen; er verwahrt solche Texte sorgfältig in einer Extra-Schublade, um den optimalen Zeitpunkt für die Zündung der »Bombe« abzuwarten. Dieser böse Augenblick war nun gekommen, Krenn stand, horribile dictu, vor den Toren Wiens und durch die Ernennung Launs schien die liberal-moderne Mehrheit in der Bischofskonferenz endgültig verloren. Doch das Hauptproblem heiße »Krenn«[241].

In der Tat, es war nicht nur ein »Kampf in der Kirche«[242], sondern mehr noch ein »Kampf um die Kirche«[243]. Durch eine möglichst breite Diffamierung des Klerus sollte eine Mauer des Misstrauens zwischen Hirten und Herden errichtet, die kirchlichen Internate unter Generalverdacht gestellt und die Jugend der Kirche entfremdet werden. *Die sicherste Methode die Elite zu zerstören, ist, keine solche mehr zu erziehen* (Univ. Prof. Heinz Zemanek). Die Karikaturen, die das »Profil« veröffentlichte, machten deutlich, worum es da ging, nämlich um die Demolierung des katholischen Erziehungswesens, was Thomas Chorherr zu schreiben veranlasste: *Ich sehe keinen Unterschied zwischen diesen generalisierenden Verunglimpfungen anno 1995 und der Geisteshaltung der Nazis*[244]. Gerade die Beteuerungen des Gegenteils, nämlich einen Reinigungsprozess der Kirche einleiten zu wollen[245], – die Kirche wäre ja viel zu wichtig, um sie den »Fundis« überlassen zu können[246] –, lässt darauf schließen, die wahre Absicht sei es gewesen, die Kirche auf eine rein dekorative Präsenz in

---

241 Vgl. Die Presse, 13. April 1995, S. 1 (Michael Maier)
242 News, 30. März 1995, S. 1
243 Profil, 3. April 1995, S. 17
244 Die Presse, 15. April 1995, S. 3
245 Profil, 3. April 1995, S. 17 (Czernin)
246 News, 13. April 1995, S. 15

der Gesellschaft zu reduzieren. *Ecrasez l'infame!, Zertretet die Unwürdige!*, – es war nicht mehr allzu weit zu dem hin, was Voltaire mit diesem bösen Wort gemeint hatte.

Versucht man, auf dem Weg durch die Kirchengeschichte unseres Landes und angelangt beim Osterfest 1995, dem Fest der Auferstehung Christi, auf die vergangenen Wochen, Monate und Jahre Rückschau zu halten, wird man unschwer eine Allianz verschiedenster Kräfte wahrnehmen, die in einem konvergierte: in der Nichtanerkennung des Petrusamtes in Rom. Eine breite, durchaus von sich selbst eingenommene intellektuelle Strömung war auch im kirchlichen Leben präsent und definierte sich nach dem II. Vatikanischen Konzil unter dem Begriff der Mündigkeit. Der Sukkurs liberaler Medien war von Anfang an sichergestellt, wobei jetzt die Frage offen bleibt, wer da eigentlich wen zu instrumentalisieren hoffte. Über weite Strecken fanden sie zusammen, die Printmedien und die elektronischen Medien einerseits und die Sprecher und Agitatoren eines »modernen« Katholizismus andererseits. Die Kritik an »Humanae vitae« wurde zum Anlassfall, um sich bald zur generellen Kirchen- und Papstschelte auszuweiten und es als Gebot der Stunde auszugeben, eigene Wege zu gehen. Es wäre unfair, dies ausschließlich dem »weltgewandten Brückenbauer« Kardinal König persönlich anzulasten, doch niemand wird leugnen können, dass diese Entwicklung in Österreich »unter König« stattgefunden hat, der sie gewähren ließ. Wir müssen das alles bezahlen, sagte einmal Papst Johannes Paul II. zu Groër, *wir müssen bezahlen, was verschuldet worden ist. Wir müssen den Preis bezahlen*[247]. Die Bischofsernennun-

---

247 In der Privataudienz am 25. Sept. 1986. – Vgl. FUX, Der uner-

gen ab 1986 wirkten wie Katalysatoren, die oberflächliche Schwachgläubigkeit und stolzes Begehren offenbar machten. Der mediale Meinungsdruck wuchs beachtlich an und zielte darauf ab, die Kirche modern-liberalen Vorstellungen zu unterwerfen[248]. Nun prasselten kritische Vorwürfe und »gut gemeinte« Ratschläge nur so auf die Kirche herab, wie sie nämlich ihre Attraktivität zurückgewinnen könnte und was sie unbedingt ändern und vermeiden müsste, um wieder »anzukommen«. »Nützliche« Theologen und Bischöfe streuten den Medien eifrig Rosen und verhalfen den dort tätigen Verantwortlichen zu einem Mäntelchen von Legitimität. Sie gerieten dabei, vielleicht ohne es zu merken, in eine Medienabhängigkeit und in eine Furcht vor der öffentlichen Meinung, die fast schon einer Kniebeuge gleichkam. Die Unterwerfung der Kirche unter das Mediendiktat war das reale Ziel jener, die in den Redaktionen und von den geistigen Schaltstellen aus sich die Braut Christi als Magd ihrer diesseitsbezogenen und kreuzfreien Vorstellungen dienstbar machen wollten.

Bei Groër ist dies nicht gelungen. Er stieg ebenso wenig wie Krenn vom Kreuz herab, auch wenn er die Verlockung vernahm, dass »dann« – wenn er nämlich ein Schuldbekenntnis ablegte – Hoch und Niedrig seine »Größe« anerkennen wollten (vgl. Mk 15,32). Er blieb standhaft in seiner Treue zur Kirche und ließ sich auch

---

wartete Erzbischof S. 97

248 Hier darf erneut an das Phänomen des »Rudel-Journalismus« erinnert werden: Anfängliche Querdenker werden absorbiert, um eine weitgehende Koorientierung in der Skandalberichterstattung zu erreichen. Die Normbildung in den Medien ist dann meist nach zwei bis drei Wochen abgeschlossen, jede Bezweiflung des Skandals wird als Vertuschungsversuch gewertet. Widersetzliche werden mundtot gemacht und ausgegrenzt. Vgl. BREITENFELLNER, Wir Opfer, S. 86

dann nichts aufzwingen, als man ihm versicherte, gerade er sei das Hindernis schlechthin für den kirchlichen Frieden und für die Wohlfahrt der »Institution Kirche«. Die Aggression gegen ihn suchte sich ja gar nicht durch eine Sünde vor 20 Jahren, die er nie begangen hatte, zu legitimieren, sondern durch das »trotzige« Schweigen des Kardinals, das schuld wäre an der größten Krise der Kirche in Österreich seit 50 Jahren[249]. Die Aufregung motivierte sich in den Aufgeregten selbst: Sie wussten, dass Groër sie nicht anerkannte und ihnen nicht zu willen war.

Weber, der immer *ein Faible für die Medien hatte* (Krätzl)[250], fasste sein ekklesiologisches Credo in ein oft wiederholtes Wort zusammen: *Ich mag die Kirche*[251]. Er hat sich gesagt: *Ich lasse mir meine Kirche von niemandem kaputt machen, auch nicht von einem Kardinal.* Er sei zutiefst von dem ins Herz getroffen, was Bischöfe *wie Krenn oder Groër* »seiner« Kirche antun[252].

Ihr versteht überhaupt nichts. Ihr bedenkt nicht, dass es besser für euch ist, wenn ein einziger Mensch für das Volk stirbt, als wenn das ganze Volk zugrunde geht (Joh 11,49f.).

Ob Weber dieses Wort des Kajaphas vor Augen gehabt hat?

Da gab der Apostolische Stuhl am 13. April bekannt, der Heilige Vater habe den bisherigen Weihbischof von Wien, Exzellenz Christoph Schönborn, zum Erzbischof-Koadjutor ernannt.

---

249 Die Presse, 25. März 2003, S. 10 (H.W. Scheidl). – Ähnlich Die Furche, 27. März 2003, S. 11 (O. Friedrich)
250 BRUCKMOSER, Weber S. 176
251 Ebd. S. 60
252 Ebd. S. 175

Der Koadjutor

Der Apostolische Stuhl war seit langem kein »Monolith« mehr, auch nicht in den Dingen der Diskretion, und so wusste der ORF bereits am 12. April mittags zu berichten, dass Schönborn *in Kürze* zum Koadjutor ernannt werde, und dies *mit Leitungsvollmacht*[253]. Am Tag darauf, um 13.00 Uhr, wurde diese Ernennung offiziell bekannt gegeben, mit dem Beisatz, dass die genauen Kompetenzen des Ernannten noch nicht umschrieben seien. Schönborn selbst zeigte sich überrascht und bat um Verständnis dafür, dass er nicht sofort zu allen Fragen, *die in diesen Tagen viele Menschen bedrängen*, Stellung nehme. *Wir haben oft nicht einfach fertige Antworten,* man müsse diese manchmal schmerzlich suchen[254]. Es war Gründonnerstag; jener Tag, an dem Jesus zu den Aposteln gesagt hatte: *Ihr alle werdet in dieser Nacht an mir Anstoß nehmen und zu Fall kommen* (Mt 26,31).

In den Zeitungen der nächsten Tage las man davon, dass ein hochfiebriger Grippeinfekt den designierten Koadjutor gezwungen habe, das Spital aufzusuchen; es war jenes der Barmherzigen Schwestern in Wien-Gumpendorf[255]. Es kann wohl kein Zweifel daran bestehen, dass Kardinal König, der in der unmittelbaren Nachbarschaft seinen Wohnsitz hatte, ihn dort besucht hat. Fer-

---

253 ORF-Mittagsjournal. Kathpress, 13. April 1995, S. 2
254 Kathpress, 14. April 1995, S. 2
255 Kronenzeitung, 19. April 1995, S. 3

ner wird es außer Streit stehen müssen, dass diese Erkrankung auch eine deutliche psychische Komponente hatte.

Hat der Diözesanbischof das Recht, seiner Bitte an den Heiligen Vater um einen Weihbischof auch einen Dreiervorschlag beizugeben, so ist der Wunsch nach einem Koadjutor absolut und ohne Vorschlag auszusprechen. Groër muss diese Bitte schon sehr früh und in der Erkenntnis, dass seine Rufschädigung irreparabel war, abgefasst haben. Jedenfalls hat der Apostolische Stuhl mit bemerkenswerter Schnelligkeit reagiert, wohl in der Hoffnung, dass die Klärung der Nachfolge die Situation beruhigen würde.

Dies ist nur in geringem Ausmaß gelungen, denn gerade die Raschheit in der Bestellung eines Koadjutors wurde nun von nicht wenigen als Indiz dafür empfunden, dass auch »Rom« von der Schuld des Erzbischofs überzeugt wäre. So schrieb Kardinal Augustin Mayer OSB (1911–2010) aus Rom, es befremde ihn, dass Groër gerade in dieser Zeit einen Koadjutor erhalten habe; *damit hätte man wohl warten können*[256]. Auch Krenn sah dies als ein *falsches Signal* an. Es scheint plausibel anzunehmen, dass diese Ernennung Schönborns zum Koadjutor bereits vorgesehen und vorbereitet war und dem Papst nur mehr zur Unterschrift vorgelegt zu werden brauchte. Der bisherige Auxiliar hatte in der Glaubenskongregation und im Staatssekretariat einen guten Namen, und die Situation in der Wiener Erzdiözese zu dramatisieren, war nicht allzu schwer. Ohne Zweifel hatte aber auch Groër selbst in der römischen Kurie nicht nur Freunde, sondern auch Kritiker, die seiner Demission nun mit Ungeduld entgegensahen. Groër, auf seine

---

256 Mayer an Groër, 15. April 1995

Interpretation dieses raschen Reagierens hin angesprochen, berief sich auf seine bischöfliche Verantwortung; er sehe sich nicht in der Lage, dies zu kommentieren.

Die Quellenlage erlaubt es heute, die Genesis der Ernennung Schönborns zum Koadjutor besser in den Blick zu nehmen. Weihbischof Krenn hatte am 15. September 1991 die Leitung der Diözese St. Pölten übernommen, Weihbischof Karl Moser war am 27. September desselben Jahres verstorben, der neu ernannte Auxiliar Schönborn war noch allzu sehr mit Agenden des Weltkatechismus befasst und häufig von der Erzdiözese abwesend, die Exzellenzen Kuntner und Krätzl verharrten weiterhin in innerer Opposition und leisteten kaum je tätige Hilfe. Den Bitten Groërs um Ernennung eines weiteren Weihbischofs für Wien war in Rom aber nicht stattgegeben worden; die päpstliche Kurie entschloss sich vielmehr, die Ernennung eines Koadjutors vorzubereiten. So leitete Nuntius Squicciarini am 18. Mai 1994 ein Umfrage-Verfahren ein, bei dem Meinungen über Kapellari, Küng und Schönborn eingeholt werden sollten.

Bischof Krenn war von der Würdigkeit eines jeden Kandidaten zutiefst überzeugt. Die Ernennung Schönborns 1991 war *ohne größere Aufregungen* vor sich gegangen, der Ernannte habe dann eher unauffällig, aber mit Fleiß und Gewissenhaftigkeit in Wien gewirkt. Seine verdienstvolle Arbeit für den Katechismus habe freilich nicht immer die vorbehaltlose Zustimmung Groërs gefunden. So habe Schönborn im administrativen und personalpolitischen Bereich kaum noch Erfahrungen sammeln können. Er sei freilich von außerordentlich liebenswürdiger Art; seine Belastbarkeit schien Krenn aber *sehr begrenzt* zu sein. Er habe ein *extremes Har-*

moniebedürfnis, was ihn hindere, seine Positionen auch wirklich durchzuhalten. So habe er in der Bischofskonferenz bei Abstimmungen seine Haltung in letzter Minute geändert und einmal, in der Auseinandersetzung um »Humanae vitae« sogar ein »Moratorium« vorgeschlagen. So stehe seine *unglaubliche Herzensgüte* ebenso wenig in Frage wie seine Treue zum Heiligen Stuhl, doch das Amt eines Koadjutors mit der Perspektive der Nachfolge wäre *zumindest gegenwärtig ein Risiko, zu dem man nicht raten könne*[257].

Für den 3. und 4. Mai war eine außerordentliche Bischofskonferenz vorgesehen, und zwar in St. Georgen am Längsee in Kärnten. Schon taten sich einige Bischöfe schwer, Groër die Hand zu reichen. Der von Weber in Aussicht genommene Untersuchungsausschuss alias »Weisenrat« musste freilich in einem Begräbnis II. Klasse zu Grabe getragen werden, während gleichzeitig die Österreichische Pastoralkommission damit beauftragt wurde, die aktuelle seelsorgliche Situation zu analysieren. Weber, der wenig zuvor ein Hirtenschreiben über die Tugend der Bescheidenheit veröffentlicht hatte, versicherte nun, den Knoten behutsam lösen zu wollen, aber dabei *am Ball* zu bleiben. Diesen Vorsatz wolle er bei seinem Antrittsbesuch beim Heiligen Vater verwirklichen[258]. Kardinal König versäumte nicht, im Fernsehen zu betonen, dass er volles Vertrauen zu Weber habe. Alle müssten *Bischof Weber unterstützen*, damit das, was an *Problemen und Scherben* entstanden sei, wieder in Ordnung komme[259].

Ursprünglich hatte Schönborn daran gedacht, sich bei Webers Pressekonferenz am 5. Mai auch selbst den

---

257 Votum vom 24. Mai 1994
258 Standard, 6./7. Mai 1995, S. 6. – Kathpress, 6. Mai 1995, S. 2
259 Kathpress, 9. Mai 1995, S. 4

Medien zu präsentieren, nun wollte er aber doch noch abwarten: Das Ernennungsdekret war noch nicht eingetroffen, die Amtsübernahme noch nicht vollzogen, für den 9. Mai eine Begegnung mit dem Vorstand des Wiener Pastoralrates vorgesehen, und nicht zuletzt war ihm die für den 11. Mai anberaumte gesamtdiözesane Dechantenkonferenz wichtig.

Wenn auch Hubertus Czernin, ein entfernter Verwandter Schönborns[260], diesen verdächtigte, ein *Krenn im Schafspelz* zu sein[261], waren doch die Reaktionen auf dessen Ernennung zum Koadjutor überwiegend positiv. Dem *klassen Burschen*[262] (Turrini) wurde u. a. viel Lob vonseiten Zulehners zuteil, denn Schönborn sei stets *lernbereit*, er könne *zuhören und verstehen*; also ein ganz anderer Typ als Krenn! Es bestehe die Chance, dass er *Tradition mit Liberalität* verbinden werde[263].

Am 9. Mai legte Schönborn dem Erzbischof und dem Domkapitel sein Ernennungsdekret vor, in dem freilich dem Ernannten keinerlei Sonderkompetenzen übertragen worden waren: Er wurde, dem allgemeinen Kirchenrecht entsprechend (can. 406 § 1, CIC), zum Generalvikar ernannt[264]. So besaß die Erzdiözese nun zwei Generalvikare, da Rudolf Trpin in seinem Amt verblieb; keineswegs ein Novum in der Diözesangeschichte.

Wenn Kardinal Groër von sich aus nichts sagt, so muss er befragt werden. Antwortet er dann noch immer nicht, ist sein Rücktritt unausweichlich[265]. In dieser Geisteshaltung gedachten nicht wenige Dechanten

---

260 Vgl. Falter, Nr.14/1995, S. 18
261 Profil, 15. Mai 1995, S. 17
262 Vgl. Die Presse, 13. April 1995, S. 8 (Turrini)
263 Profil, 15. April 1995, S. 27
264 WDBl 1995, S. 62
265 Kurier, 3. Mai 1995, S. 1 (Rauscher)

bei der Konferenz am 11. Mai, den Kardinal zu »treiben«, mussten aber eine für sie überraschend energische Abfuhr hinnehmen. Denn Groër verbat sich in aller Deutlichkeit, die Verleumdungen zu thematisieren, und verwies kurzerhand auf seine Erklärung in der Kronenzeitung vom 8. April. Er teilte mit, dass er keinesfalls zu demissionieren gedenke und solange sein Amt ausüben wolle, solange es der Papst wünsche[266]. *Das war es*, sagte danach der Berichterstatter Dechant Wilhelm Müller. Die Kathpress fügte hinzu, dass Schönborn von allen Dechanten einen großen Vertrauensvorschuss erhalten habe[267].

Am 12. Mai hatte Weber, *voll Lebenslust und Arbeitsfreude*, seinen Antrittsbesuch in Rom absolviert und den Heiligen Vater und die Kurie *voll informiert*. Nur gab es jetzt – wie schon zuvor am 19. April bei seinem Antrittsbesuch bei Bundespräsident Klestil – kein »gläsernes Haus«, sondern nur den Appell zu ehrlicher Offenheit für die Fragen der Zeit, damit eine Kirche entstehen könne, in der sich die Menschen von heute und morgen *daheim fühlen* könnten[268]. Ein wenig später gab dann aber der so vollständig informierte Heilige Vater Einblick in diese Begegnung: *Er war mit mir nicht zufrieden – und ich nicht mit ihm*[269]!

Weber konnte freilich nicht wissen, dass auch Bischof Krenn dem Papst berichtet hatte, und zwar in einer Privataudienz am 25. April. Er überbrachte damals

---

266 Das kehrt auch in der Privatkorrespondenz immer wieder, beispielsweise in einem Brief an E.L. in Graz: *Von mir aus werde ich nicht ›kapitulieren‹ – wohl aber selbstverständlich zurücktreten, wenn der Heilige Vater es so wünscht.* 20. Mai 1995. – Vgl. Kurier, 13. Mai 1995, S. 2
267 Kathpress, 13. Mai 1995, S. 2
268 Kathpress, 16. Mai 1995, S. 6
269 Mtlg. Groërs an den Verfasser.

nicht nur die Grüße des Kardinals, sondern legte selbstverständlich seine Sicht der Situation dar, dergestalt, dass es in Wirklichkeit gar nicht mehr um Schuld oder Unschuld Groërs gehe, sondern um die Etablierung einer neuen Kirche[270]. Es wären jetzt *alle Dämme gebrochen*, und der Nuntius habe große Mühe gehabt, die diesbezüglichen Pläne zu vereiteln. Die Ernennung des Koadjutors werde als Vorstufe der Absetzung Groërs verstanden, der Kardinal aber wolle bleiben. Die »alten Zeiten« kehrten zurück: »Maria Trost«, Frauenweihe, wiederverheiratete Geschiedene, die Liberalität der Moral. Für das Kirchenvolksbegehren wäre dies ein günstiger Zeitpunkt[271]…

Mittlerweile begann sich bereits ein gewisser Überdruss an der »Causa Groër« in der Öffentlichkeit auszubreiten, und auch die Medien verloren etwas von ihrer lang gezeigten Aggressivität. Bemerkenswert ist der vom »Profil« an Schönborn herangetragene Vorschlag, er solle doch ein Gespräch Groërs mit Hartmann vermitteln und eine Erklärung des Erzbischofs in die Wege leiten, etwa des Inhalts: *Ich wollte dir nicht zu nahe treten, sollte ich dich aber verletzt haben, was nie meine Absicht war, dann bitte ich dich und alle anderen, die so empfinden wie du, um Verzeihung…* Von »sexuellem Missbrauch an Minderjährigen« ist hier also mit keiner Silbe mehr die Rede! Von Hartmann selbst hörte man lediglich, dass er nervlich am Ende wäre und bei seiner Freundin in Graz Zuflucht gefunden hätte. Und dies, ob-

270 In diesem Sinn hielt Paul Zulehner in St. Pölten den Vortrag: »Und Sara lachte. Unterwegs zu einer neuen Kirchengestalt« (20 Seiten Redemanuskript, in Kopie). – Vgl. Standard, 28. April 1995

271 Krenn, Notata praeparatoria für die Audienz am 25. April 1995

wohl er Ende März seine Anklagen noch als *ungeheuer befreiend* beschrieben hatte.

Der 15. Mai war durch mehrere bemerkenswerte Ereignisse gekennzeichnet, vor allem durch eine Erklärung des Erzbischofs einerseits und eine Pressekonferenz seines Koadjutors andererseits.

In seiner Erklärung, von der er in einem Privatbrief sagte, sie sei ihm *von höherer Stelle (fast) aufgenötigt worden*[272], erinnerte der Kardinal nicht nur kurz an die Befreiung Österreichs vor 50 Jahren (1945), sondern auch an die Genesis der gegenwärtigen Krise, an die Erreichung der Altersgrenze für Bischöfe und an seine Wiederwahl zum Vorsitzenden der Bischofskonferenz am 4. April[273].

Ausgelöst durch die gegen mich erhobenen Anschuldigungen, veranlassten mich Unsicherheit und Unruhe, auf dieses mir von neuem anvertraute Amt zu verzichten. Zudem bat ich den Hl. Vater, mir als dem Erzbischof von Wien einen Koadjutor zur Seite zu stellen; schon am 13. April dieses Jahres wurde dieser Bitte entsprochen.

Inhalt und Gestalt, Art und Weise der überall hin verbreiteten Vorwürfe nötigten mich, zunächst zu schweigen: Anklagen aus dem Kreis ehemaliger Schüler, erstmals und in aller Öffentlichkeit erhoben – und das nach 44 Jahren priesterlichen Dienstes in der Schule, 8½ Jahre nach meinem Eintritt in den Ruhestand (als Gymnasialdirektor)! Viele hunderte

---

272 An H.St., 20. Mai 1995

273 Der volle Wortlaut: Kathpress, 17. Mai 1995, S. 19f. – WKZ, 21. Mai 1995, S. 3. – Zur Genesis dieses Textes sei bemerkt, dass sich Groër auch von Bischof Krenn beraten ließ, der sich seinerseits mit dem Nuntius über Gestalt und Nützlichkeit austauschte.

junge Menschen durfte ich ausbilden und begleiten, im Studium wie im geistlichen Leben, in der Zeit des Wachstums und des Heranreifens. Die Aufgabe des Erziehers und Lehrers habe ich stets mit allen Kräften, im Wissen um meine Verantwortung vor Gott und vor der Zukunft der jungen Menschen wahrgenommen.

Nach längerem Schweigen publizierte ich in diesem Sinne eine kurze Erklärung (am 7. April dieses Jahres), weil es mir notwendig erschien, die »Anklagen« zurückzuweisen, in einem auch »alle Pauschalverdächtigungen der Priester und der im Religionsunterricht Tätigen sowie der … Schulen und Internate der Römisch-Katholischen Kirche« zurückzuweisen. »Sie alle verdienen ja Vertrauen und Hochschätzung, desgleichen wie die im natürlichen Sittengesetz und in der göttlichen Offenbarung gründende Morallehre«.

Kein Mensch kann sich gegen Anschuldigungen, wie sie gegen mich in letzter Zeit erhoben wurden, wirksam wehren. Auch mir bleibt deshalb nur das Schweigen. Manchen freilich ist es zur Last geworden. Jenen, die es mit Vertrauen ertragen, danke ich. Die aber, denen mein Schweigen unerträglich ist, bitte ich um Vergebung in der Barmherzigkeit Christi. (…)
Wien, am 15. Mai 1995
Zu dieser Erklärung existiert überdies ein undatierter Entwurf, der erheblich von der dann veröffentlichten obigen Fassung abweicht und in der Form eines Briefes an die *Lieben Mitbrüder – Bischöfe, Priester und Diakone* abgefasst ist und sich überdies an alle Schwestern und Brüder wendet. Dieser Entwurf erinnert zu-

erst an die behaupteten Vorfälle, die sich vor nahezu einem Vierteljahrhundert zugetragen haben sollen und *schwere Vorwürfe gegen die moralische Integrität* zum Inhalt haben. Groër habe *nach langen, schmerzlichen Überlegungen* von einer inhaltlichen Erwiderung abgesehen und sich zum Schweigen entschlossen. Er wolle niemandem ein Gewissensurteil über zwei miteinander unvereinbare Darstellungen aufzwingen. Dieses Schweigen wolle er ungeachtet der *damit verbundenen Kränkungen und Bitternisse* auch weiterhin beibehalten, *soweit ich nicht von jener Instanz zur Aussage aufgerufen werde, die dazu einzig und allein befugt ist.* Nachdem er seine vielen Helfer und Freunde *von jeglicher Beistandspflicht* ausdrücklich entbunden hatte, fährt der Kardinal fort:

Allen, die mich bestärkt, getröstet und ermutigt haben, allen, die mir Zeugnisse der Freundschaft, Liebe und Anteilnahme erwiesen haben, sage ich von Herzen Dank. Alle, die meine Handlungsweise kritisiert haben, die dadurch befremdet, verwirrt oder verunsichert wurden, bitte ich um Vergebung. Jedermann möge sich über die gegen mich erhobenen Vorwürfe jenes Bild machen, welches er in das Gesamtbild meines Lebens als Lehrer, Priester und Bischof verantwortlich einzufügen vermag. Ein abschließendes Urteil über dieses Gesamtbild obliegt allein unserem gekreuzigten und auferstandenen Herrn Jesus Christus, dessen Gnade mit der Fürsprache der allerseligsten Gottesmutter Maria ich uns alle empfehle[274].

Das entscheidende Moment in diesem Text wird wohl der Hinweis auf das Gesamtbild des Lebens sein,

274 Maschinenschriftliches Manuskript in Groërs Nachlass

das von seinen Feinden und Kritikern nicht gesehen werden konnte oder auch nicht gesehen werden wollte.

Schönborn hatte sich auf seine Pressekonferenz gewissenhaft vorbereitet und verlas eingangs eine entschuldigende Erklärung: Er fühle sich von der Aufforderung Christi, nicht zu richten, betroffen. *In diesem Sinn entschuldige ich mich für die pauschalen und unüberprüften Anschuldigungen, die ich in meiner ersten öffentlichen Stellungnahme im Fernsehen gegen diejenigen erhoben habe, die den Kardinal beschuldigt haben*[275]. Diese Vorwürfe stünden immer noch im Raum und seien vom Kardinal *nicht widerlegt,* würden auch nicht untersucht[276]. Eine Untersuchung der Anklagen Hartmanns hielt Schönborn offensichtlich nicht für nötig. Die Journalistenfrage, ob er wie Krenn von der Schuldlosigkeit Groërs überzeugt wäre, ließ Schönborn unbeantwortet. Diese Entschuldigung gegenüber Hartmann gab im Übrigen die Haltung Webers wieder, dem es ehrlich leidgetan hatte, dass manche Vertreter der Kirche in *der ersten Erregung* negativ über die Persönlichkeit Hartmanns geurteilt hatten[277].

Damit wurde der Positionswechsel jenes Mannes deutlich sichtbar, der den Erzbischof zuvor »wie einen Vater«[278] verehrt und seine Treue zu ihm stets beteuert hatte. Noch 1994 hatte er dem Kardinal eines seiner Bücher i*n Dankbarkeit und Verehrung* gewidmet[279].

275 Da hätte sich Schönborn ebenso bei Groër entschuldigen müssen, da er selber zugibt, »nicht untersucht zu haben«. N.S. an Groër, 30. Mai 1995
276 Kathpress, 17. Mai 1995, S. 2; 18. Mai 1995, S. 17
277 Kathpress, 6. Mai 1995, S. 3
278 Schönborn hatte oft die Anrede »Pater mi« gebraucht; zuletzt ist sie noch am 25. März 1996 nachweisbar.
279 Chr. SCHÖNBORN, Herzstücke unseres Glaubens, Wien 1994, S. (5)

Er übernahm Argumentation und Diktion derer, die den Kardinal, aber auch die Kirche anklagten, und geriet dadurch in steten Widerspruch zu seinem Vorhaben, nicht richten zu wollen. Sein Weg verlief nun serpentinenartig: Er habe ja keine Kompetenzen, etwas anzuordnen oder auch nur zu kommentieren, die Verantwortung für sein Schweigen müsse der Kardinal selber tragen. Er hoffe auf ein versöhnendes Gespräch der Betroffenen, man müsse in der Kirche offen miteinander reden können; er habe auch die feste Absicht, sich um genügend Anlaufstellen für die Opfer des sexuellen Missbrauchs zu kümmern. Im gegebenen Kontext muss dies als eine den Kardinal schwer belastende Aussage gewertet werden[280].

Und so ging es weiter: Schönborn verwies auf Stecher als Vorbild, denn dieser habe die Ritualmordlegende um das Anderl von Rinn vorbildlich korrigiert. Sein vorrangiges Anliegen sei es die Mitte zu stärken; er zitierte Rahner und Krätzl, registrierte einen großen Reformbedarf bei der Verkündigung der kirchlichen Morallehre, denn Gebot und Verbot seien höchstens Wegweiser, *der innere Kompass aber ist jenes Gespür für das Richtige, das wir Gewissen nennen.* Die Liebe werde den rechten Weg weisen. Selbstverständlich wolle er Groër nicht präjudizieren oder ihm etwas vorschreiben, in einer so schwierigen Situation müsse jeder seinen Weg finden, doch für die Zukunft müssten wir lernen, *wie wir in der Kirche mit eigener Schuld umgehen.* Es sei keine Schande, wenn wir mehr unsere eigene Schuld bekennen und auch bereit sind, *um Verzeihung zu bitten*[281]. So entschuldigte er sich auch bei

280 Kathpress, 16. Mai 1995, S. 2f., 4f.
281 ORF ZiB 2, 15. Mai

den wiederverheirateten Geschiedenen, denn er hätte einige Monate zuvor einen unpassenden Vergleich gebraucht. Im Übrigen teilte er nun die Position der oberrheinischen Bischöfe in deren Hirtenbrief vom Herbst 1993; man müsse sorgfältiger auf die Situation des Einzelnen hinhören. Auch die gestiegenen Austrittszahlen dienten nun zu Schuldzuweisungen, wobei freilich der Anstieg in der Steiermark und in Tirol am auffallendsten war. Schönborn äußerte seine Sorge darüber, wie die Kirche in Österreich sich weiterhin finanzieren könne, sollte dieser Trend noch länger anhalten. Ergebnis: Entscheidend sei, *ob alles, was wir tun, von der Liebe durchformt sei*[282].

Am besten wird man diese Verhaltensweise Schönborns, die sich in Zukunft fortsetzen wird, als Angsthandlung begreifen, die ihn zu dieser »Captatio benevolentiae« Zuflucht nehmen ließ[283]: Er sah sich einem Konflikt mit den Medien nicht gewachsen und versuchte, sich das Wohlwollen der Öffentlichkeit durch Nachgiebigkeit und Anpassung zu erkaufen: »Tut mir nichts zuleide, ich werde brav sein[284]!« Gegen den Strom zu schwimmen oder dem Martyrium entgegenzusehen, war nicht seine Sache. Alles Weitere war bereits Rechtfertigung dieser seiner

---

282 WKZ, 21. Mai 1995, S. 1. – Später wird Schönborn seine Ansichten über die Austrittszahlen wieder relativieren: *In den Jahren, in denen Skandale waren*, gab es Spitzen bei den Kirchenaustritten. *Aber diese Spitzenwerte sind nicht übermäßig über dem Grundsockel.* So im Interview-Band: Wer braucht Gott? Barbara Stöckl im Gespräch mit Kardinal Christoph Schönborn, Salzburg 2007, S. 34

283 So erklärte es sich auch Erzbischof Eder: *Alle diese ›Erklärungen‹ – auch und besonders Deines Koadjutors – sind Angsthandlungen und -aussagen, die eines katholischen Bischofs unwürdig sind.* Eder an Groër, 20. Juni 1995

284 Vgl. Der »13.«, 13. Juni 1995, S. 23

innersten Angst, und damit hatte er auch viel von seiner Handlungsfreiheit verloren. Der Bruch mit Groër war ein Bruch mit seiner eigenen Geschichte, und die Visionäre einer »neuen Kirche« werden dies zu nützen wissen.

Vorerst aber gab er bereitwillig Auskunft über jenen, der sein Vorgesetzter war: *Ich staune, mit welcher Disziplin und Konsequenz er den täglichen Dienst tut.* Das alles sei ja sicher eine große Belastung. *Er ist mitgenommen, aber nicht krank*[285]. Im Übrigen müsse man respektieren, dass es für ihn gewisse psychologische Grenzen gebe[286].

Das war Alfred Worm, der zwar die Pressekonferenz Schönborns *als fulminant und menschlich* einstufte und an einer Ausweitung der vernichtenden Anklagen gegen den Erzbischof interessiert war, zu wenig[287]. Der Kardinal sei physisch und psychisch am Ende, er sei todkrank, *ein hadernder und verwirrter Pflichterfüller*, dem es freilich zu freiwilligem Amtsverzicht an Größe fehle. Er habe seit fünf Wochen kaum geschlafen. *Dazu versteht er die Welt nicht mehr.* Später wird Worm zugeben müssen, er habe gar nicht wirklich recherchiert, sondern die Behauptungen Hartmanns einfach übernommen[288]. Jetzt aber durfte Worm, dem Kapellari am 14. Februar 2007 das Begräbnis und die Trauerrede halten wird, sich mit Weber eins wissen, denn auch der Grazer Bischof hatte schon rein optisch den Eindruck, dass Groër schwer belastet sei. *Er geht mit Bleikugeln an den Füßen herum* und sei sehr einsam. Doch auch Weber staunte, *wie sehr er unermüdlich seine Pflicht*

285 News, 18. Mai 1995, S. 14
286 Die Presse, 17. Mai 1995, S. 3
287 News, 18. Mai 1995, S. 14
288 Er entschuldigte sich bei Groër am 12. Juni 2001. Mtlg. Ing. Hans Brabenetz, Wullersdorf. Vgl. oben S. 26

erfülle[289]. Übrigens: Der Hinweis darauf, dass da jemand »todkrank« wäre, wird im Herbst 2003 wiederkehren, als Krenn für den Fangschuss reif gemacht werden sollte. Wir haben es mit einem Methodenteil zu tun. Dann setzte Worm die Behauptung in die Welt, dass Groër sich in Maria Roggendorf einen *pompösen Alterssitz* errichten wolle, was dessen ganze Luxusverfallenheit aufs Neue zeige[290]. Auch dieser Vorwurf findet sich schon in der Geschichte der Krenn-Bekämpfung[291].

Nun aber brachte Schönborn viel Verständnis für die Medien und deren Agieren auf, wofür ja der Kardinal selber die Schuld trage; Verständnis hatte er nun auch für P. Udo Fischer, der sich von seinem »Vater« habe lösen wollen. Den Koadjutor sah man nun nur noch sehr selten im Ordenskleid der Dominikaner, denn er wollte ja nicht polarisieren. Er kündigte an, die katholischen Gremien aufwerten zu wollen, seien sie doch in den letzten Jahren stiefmütterlich behandelt worden[292]. Was das »Kirchenvolksbegehren« betreffe, so sei er überzeugt, dass man auf die da geäußerten Anliegen hören und die Initiatoren und Unterzeichner *sehr ernst* nehmen müsse. Noch im Juli wolle er alle diözesanen Stellen besuchen.

Gewiss hätte er die Regierung gerne schon jetzt übernommen, aber einen Termin dafür zu nennen, hatte man in Rom »verabsäumt«. In dieser angsterfüllten Ungewissheit setzte er nun Handlungen, die seinen Or-

---

289 News, 18. Mai 1995, S. 15
290 Kathpress, 6. Mai 1995, S. 6f.
291 Bei der Adaptierung der bischöflichen Wohnung würden die Armaturen des Badezimmers vergoldet… – In einem anonymen Flugblatt (ohne Impressum) hieß es: *Wussten Sie … dass unser Herr Bischof ein Arbeitszimmer um 1.000.000,00 Schilling einrichtet und Sie das mit Ihrem Kirchenbeitrag bezahlen?*
292 Vgl. Salzburger Nachrichten, 22. Mai 1995, S. 2

dinarius verdemütigen mussten: In seiner Wohnung ließ er umfangreiche bauliche Veränderungen durchführen, ohne zuvor das Einvernehmen mit Groër gesucht zu haben. Er verteilte großzügig nach seiner Pressekonferenz die dafür erstellte »Pressemappe«, in der er sein »Regierungsprogramm« dokumentiert sah – obwohl ein Koadjutor selbstverständlich kein eigenes Programm haben kann. In eigener Initiative rief er eine »Gesprächsgruppe« ins Leben, die sich mit dem Thema »Sexueller Missbrauch im kirchlichen Bereich« beschäftigen sollte. Das stand im Zusammenhang mit einem universitären Symposium zum selben Thema.

Es handelte sich dabei um ein »Kompaktsymposium«, getragen von den beiden theologischen Fakultäten, der Katholischen Aktion Österreichs, den weiblichen und männlichen Orden und anderen Institutionen, unter dem Ehrenschutz des Rector magnificus der Wiener Universität. Im Hinblick auf »Sexuellen Missbrauch von Kindern in pädagogischen Einrichtungen« sollte etwas getan werden gegen den ungerechtfertigten Vertrauensverlust von kirchlichen Schulen und Internaten in unserem Land. Zulehner beeilte sich zu versichern, dass dies nichts zu tun habe mit den medialen Angriffen gegen den Kardinal, denn das sei gewiss nicht die Intention der Veranstalter. Schönborn bedauerte es, an diesem Symposium am 16. Juni aus terminlichen Gründen nicht teilnehmen zu können, doch übersandte er ein Grußwort und hatte schon zuvor Zulehner gebeten, ihn über den Verlauf der Beratungen zu informieren. Immerhin war Weber ein aufmerksamer Zuhörer und davon überzeugt, dass seriöse wissenschaftliche Behandlung des Themas die Pauschalverdächtigungen eindämmen könne[293].

---

293 Pressedienst der Erzdiözese Wien, 28. Juni 1995

Doch gab es in diesen für Groër so schweren Tagen auch Anlass zu Freude und Dankbarkeit, denn schon am 22. April war es ihm gegönnt, in der Stiftskirche von Göttweig drei Mitbrüdern und einem »Lilienfelder« die Priesterweihe zu erteilen. Man sah dabei Bischof Krenn, den ein Priester das *Scheusal von St. Pölten* zu nennen beliebte, mit Tränen in den Augen[294]. Der Kardinal hielt dann auch am 23. April für P. Marian Zuchna OSB die Primizpredigt.

Am 18. Mai feierte Johannes Paul II. seinen 75. Geburtstag. Am Vorabend übersandte der Kardinal seine handschriftlichen Segenswünsche per Fax in den Vatikan und sprach die Hoffnung aus, beim schon nahen Papstbesuch in Tschechien auch persönlich gratulieren zu können. Diese Hoffnung erfüllte sich nicht, das Programm des Heiligen Vaters am 21. Mai in Olmütz ließ kein persönliches Gespräch zu. Erst der Privataudienz am 23. d.M. war dies vorbehalten.

Diese Begegnung dauerte 45 Minuten[295] und dabei wiederholte Groër, was er bereits am 13. Oktober 1994 erklärt hatte: Seine Bereitschaft zum Amtsverzicht. *Von mir aus habe ich die Entscheidung des Papstes zu erwarten*, schrieb er in einem Privatbrief. *Nichts ist entschieden; was vorbereitet wird kann ich nur fühlen*[296]. Nach dem Mittagessen mit dem Heiligen Vater folgten Besuche bei den Kardinälen Stickler und Ratzinger. Wie immer bei solchen Anlässen hielt sich Groër strikt an die ihm nötig erscheinende Diskretion, doch hatte ihm die Begegnung mit dem Hl. Vater sichtlich »gut getan«. Er, der seit dem März keine Zeitung mehr las und kein

---

294 Kurier, Ausg. NÖ, 25. April 1995, S. 8. – Kirche bunt, 16. April 1995, S. 2; 7. Mai 1995, S. 5

295 Kronenzeitung, 25. Mai 1995

296 An E.W., 8. Juni 1995

Radio mehr hörte, war auch nach seiner Rückkehr aus Rom gegenüber den Medienvertretern und deren Fragen äußerst zurückhaltend. Ob jetzt eine Beruhigung der Situation eintreten werde, wisse er nicht; doch habe nicht er die große Aufregung initiiert, – das hätten andere gemacht. *Jeder, der sich aufregt, muss sich auch darüber Rechenschaft geben, ob dies begründet ist*[297].

Am Samstag, dem 24. Juni, durfte der Kardinal im Dom neun Alumnen des Wiener Seminars zu Priestern weihen. Da schon im Mai durch den ORF das Gerücht ausgestreut worden war, es könnten sich einige dieser Diakone weigern, die Priesterweihe aus den Händen Groërs zu empfangen, sahen sich die Weihekandidaten genötigt, dies in einer gemeinsamen Erklärung zu dementieren[298].

In den Tagen vom 11.–16. Juli begleitete der Kardinal die traditionelle Wallfahrt des Marianischen Lourdes-Komitees zur Grotte von Massàbielle. Auch da lag es ihm gänzlich fern, über sein Inneres zu sprechen. In seiner Korrespondenz entschlüpfte ihm lediglich die Bemerkung, dass er bei einer früheren Pilgerfahrt nach Lourdes – es war dies im Jahr 1950 – die ganze Nacht im Gebet an der Grotte kniend zugebracht habe. Eine Teilnehmerin an dieser Wallfahrt schrieb noch in Lourdes die Worte nieder: *Wir haben einen heiligen Kardinal. Ich bin stolz auf ihn. Die liebe Gnadenmutter möge ihn segnen!* Er selbst vertraute nun einer Karmelitin an, er habe an diesem Gnadenort den Himmel offen sehen dürfen. Und nicht zuletzt: Jenen, die es zu deuten wussten, gab er Einblick in seine eigene Situation, hatte er doch während einer Predigt in Lourdes plötzlich einen Besen in der Hand, um das Wort der hl. Bernadette zu

---

297 Neue Zeit, 29. Mai 1995. – Vgl. Kathpress, 27. Mai 1995, S. 3
298 Profil, 29. Mai 1995, S. 27.

illustrieren, die hl. Jungfrau habe sie als Besen benützt. *Und als sie mich nicht mehr brauchte, stellte sie mich an meinen Platz, und der ist hinter der Tür*[299].

* * *

Für den Erzbischof nahte nun endgültig der Tag, an dem er nach Vollendung von neun Jahren in der Leitung des Erzbistums von seiner Diözese, vom Stephansdom und vom »Stephansplatz« Abschied nehmen musste. War der Beginn seiner Amtszeit im Zeichen vielfachen Widerspruchs gestanden, war auch das Ende mit Bitterkeit gesättigt. In so manchen kirchlichen Kreisen fühlte er sich wie ein Aussätziger[300]. Das gilt es nun im Umriss darzustellen und dann einen Rückblick auf seine Jahre als Erzbischof zu versuchen.

299 R. LAURENTIN, Bernadette vous parle, Paris 1972, t.2, p.302f. – Groër an Sr. B.K., 9. Sept. 1995
300 Groër an Thomas Kovács, 2. Sept. 1995

ABSCHIED VON WIEN

Wann endlich wird er zurücktreten? Das werde in wenigen Wochen der Fall sein, prophezeite Zulehner erneut bei einer Podiumsdiskussion im Kardinal-König-Haus in Wien-Lainz Ende Juni und ließ es an Deutlichkeit nicht fehlen: Die Kirchenführung habe in katastrophaler Weise auf die Anschuldigungen gegen Groër reagiert[301]. Leider sei es nicht gelungen, das Kirchenvolksbegehren mit der »Weizer Pfingstvision«[302], die auch Kardinal König unterschrieben hatte[303], zu verbinden. Die Sexualmoral brauche neue Ansatzpunkte, und was das Frauenpriestertum angehe[304], so sei zu hoffen, dass steter Tropfen den Stein schon höhlen werde[305]. Die Popularisierung dieses Ungeistes, vor allem durch den ORF, ging in den Sommermonaten weiter, wenn auch etwas moderater in der Form. Ende Juni hatte das Kirchenvolksbegehren die Marke von 400.000 Unterschriften weit überschritten. In einem Privatbrief zeigte sich Groër nicht erstaunt: *Bei der massiven, durch Wochen*

---

301 »Groër-Rücktritt im Sommerloch«. Profil, 8. Mai 1995, S. 37. – Pressedienst der Erzdiözese Wien, 28. Juni 1995, S. 4. – Auch Weber stellte fest: Die Annahme des Rücktrittsgesuches wird nicht mehr allzu lange dauern. Kathpress, 18. Juli 1995, S. 3
302 Text: Salzburger Nachrichten, 27. Mai 1995
303 Zulehner und Weber hatten ebenso ihre Teilnahme zugesagt. Kleine Zeitung, 23. Mai 1995, S. 2
304 *In zehn oder 20 Jahren werden Dinge selbstverständlich sein, die uns jetzt noch seltsam erscheinen* (Weber). Standard, 31. Mai 1995, S. 6
305 Pressedienst der Erzdiözese Wien, 28. Juni 1995, S. 4

hindurch geführten *Propaganda fast aller Medien, auch
des ORF, nimmt es nicht wunder, dass dieses Ergebnis,
vielfach auch Produkt der »Straße«, nun vorliegt.*

Am 8. Juli teilte Nuntius Squicciarini dem Kardinal schriftlich mit, dass der Heilige Vater dessen Bereitschaft zur Demission entsprochen habe und dass der
Rücktritt wunschgemäß am 14. September erfolgen solle. Groër möge dies am Festtag des hl. Benedikt (11. Juli)
oder bei anderer Gelegenheit ankündigen[306]. Wenig später, am 13. Juli, publizierte das Magazin »News« ein Interview mit Squicciarini, in dem dieser darauf verwies,
dass Groër viel Gutes für die Kirche getan habe. *Die Geschichte wird das Urteil sprechen*[307]. Inzwischen hatte
Weber die gesammelten Unterschriften des Kirchen-
volksbegehrens entgegengenommen und den Petenten
versichert, die Bischöfe würden mit großer Aufmerk-
samkeit ihre Anliegen studieren[308]. Zudem bedaure
er es sehr, dass Josef Hartmann von Kirchenvertretern
nicht gut behandelt worden sei, was aber in der Verantwortung Roms liege. Er erwarte die Annahme des
»Rücktrittsgesuches« in nicht allzu weiter Ferne; mit
einer Abberufung Krenns rechne er aber derzeit nicht.
Seine Mitbischöfe forderte er auf, Krenn gegebenenfalls
auch öffentlich zu widersprechen[309].

So verging der Juli, viele suchten Erholung in den
Sommerferien, auch der Koadjutor, der seinen Urlaub
in Frankreich verbrachte. Doch Schönborn ließ deut-

---

306 Squicciarini an Groër, 8. Juli 1995
307 News, 13. Juli 1995, S. 23. – Ähnlich der Direktor des Hol-
     labrunner Gymnasiums, Dr. J. Geyer: *Angesichts so mancher
     Wirrnisse in der Öffentlichkeit wird vermutlich erst die Ge-
     schichte Deine Arbeit zu würdigen wissen.* (3. Sept. 1995)
308 Kathpress, 8. Juli 1995, S. 11f. – WKZ, 9. Juli 1995, S. 5
309 Profil, 17. Juli 1995, S. 29f.

liche Zeichen seiner Nervosität erkennen und wartete ungeduldig darauf, dass Groër endlich seinen Rücktritt bekanntgeben würde. Doch dieser ließ sich nicht drängen, er hatte für die Publizierung des Amtswechsels den 15. August, das Hochfest der Aufnahme Mariens in den Himmel, vorgesehen.

Mittlerweile hielt es aber die »Homosexuellen-Initiative« für angebracht (und für erfolgversprechend), die Bischöfe Kapellari, Küng, Schönborn und Laun homosexueller Neigungen zu bezichtigen[310]. Alle jene, die zuvor im »Fall« Groër lautstark nach Untersuchung und Aufklärung gerufen hatten, verhielten sich nun auffallend still. Niemand, auch kein Mitglied des Episkopates, verlangte »Aufklärung« oder die Einsetzung eines »Weisenrates«. Die Absichten Mag. Kurt Kricklers, des führenden Anklägers der genannten »Initiative«, waren denn auch allzu durchsichtig. Doch wurde erneut deutlich, dass im ideologischen Kampf gegen die Kirche kein Mittel zu schlecht war. *Wundert euch nicht*, hatte einst Erzbischof A. Rohracher (1892–1976) in einer Predigt gesagt, *wenn eines Tages Bischöfe als Schießbudenfiguren verwendet werden*[311]… Immerhin war diese Affäre dazu angetan, die Kirche Österreichs weiter in Misskredit zu bringen, auch wenn das Medienecho nicht das stärkste war. Gerd Bacher, vormals Generalintendant des ORF, fand für die Situation Worte vernichtender Kritik, die er in einem Gastkommentar unter dem Titel »Über Schamlosigkeit und Schwachsinn« zusam-

---

310 Kathpress, 2. Aug. 1995, S. 2f; 8. Aug. 1995, S. 3f. – Ursprünglich waren auch die Bischöfe Zauner, László und Jachym sowie die Prälaten Sotola und Ungar als beschuldigungswürdig vorgesehen. Mtlg. Groërs an Burkhard Ellegast, 1. Aug. 1995

311 Mitgeteilt von Rudolf Ludwig in einem Brief an Groër, 8. Aug. 1995

menfasste: *Es ist der Aufstand des Hässlichen, Lauten, Schmutzigen, Frechen gegen Anstand und Toleranz, die ihnen diese Anmaßung gestattet*[312]...

Doch dann kam also der 15. August, an dem Groër das traditionelle Hochamt in St. Stephan zelebrierte. Vor dem Pontifikalsegen dankte er dem amerikanischen Chor, der bei dieser Eucharistiefeier zu Ehren Mariens gesungen hatte, und fügte dann »in eigener Sache« hinzu:

Er wolle im eigenen Namen eine kurze Mitteilung anschließen: Papst Johannes Paul II. hat mich über die Wiener Apostolische Nuntiatur wissen lassen, dass meine Amtszeit mit dem 14. September dieses Jahres zu Ende sein soll. Es freut mich gerade dieser Zeitpunkt meines Rücktritts, den ich seit dem 13. Oktober 1994 dem Heiligen Vater des Öfteren angeboten habe. Am 14. September geweiht und zur Leitung der Erzdiözese Wien bestellt, darf ich mit dem Fest der Erhöhung des heiligen Kreuzes die neun Jahre meines Dienstes beenden. Mit Vielen weiß ich mich im Glauben an die Gnade des Kreuzes eins: Im Kreuz ist Heil, im Kreuz ist Leben, im Kreuz ist Hoffnung[313].

Tags darauf fuhr der Kardinal nach Göttweig, um dort mit einem Exerzitienkurs für Geistliche Leiter der Legion Mariens zu beginnen. (Vom 21.–24. August wird er mit der »Sommerschule« für Junglegionäre in Maria Roggendorf fortsetzen.)

Die Ankündigung des Amtswechsels für Mitte September löste breit gestreute Kommentare aus: Bedauern, Befriedigung, Erwartung und Ratschlag an die Adresse des Nachfolgers. Pia Maria Plechl wusste in einem privaten Schreiben zu berichten, dass viele stolz auf Emi-

---

312 Die Presse, 12. Aug. 1995, S. 2
313 Kathpress, 17. Aug. 1995, S. 2

nenz wären *ob der Würde und eleganten Gelassenheit,*
mit der der Erzbischof diese »Mitteilung in eigener Sache« artikuliert hatte[314]. Er selbst schrieb nieder, dass er
zur Bekanntgabe des Termins wiederholt und entschieden aufgefordert und gedrängt worden sei, leider auch
von höchster Stelle, so etwa gestern früh [=15. d.M.] *in
zwei Telefonaten*[315]. Er betrachtete dieses Hochamt als
sein letztes im Dom. Zulehner übte sich in Wohlwollen, wenn er nun im ORF eine Art Nachruf auf Groër
anstimmte, der zwar kein »Flügelstürmer« gewesen sei,
aber ein sehr moderater, bedächtiger und vornehmer
Mann, der mit der Idee des Diözesanforums seiner Zeit
voraus gewesen sei und immer sehr seelsorglich gedacht habe. Groër habe nicht in die Breite gewirkt, sondern in die Tiefe gegraben[316]. Man sollte jetzt anfangen,
sein Leben zu würdigen[317]. »De mortuis nil nisi bene.«
Der Nachruf im »Kurier« war nicht von dieser edlen
Vornehmheit geprägt, sei doch Groër spröde gewesen,
verschroben und schrullig[318]. Die Grazer »Kleine Zeitung« bezeichnete ihn als *glücklos* (womit diese, später vom ORF übernommene Vokabel erstmals fassbar
wird.)[319] Weihbischof Krätzl ließ sich an Takt und Höf-
lichkeit nicht übertreffen, denn er erwartete nunmehr
eine Kurswende. Schönborn wäre ja weltoffen, verstehe
die Zeichen der Zeit und der Kirche – wie König; er werde wohl das Erbe Königs fortsetzen. Jetzt sei eine Zä-
sur für die Kirche von Wien gegeben, auf eine schnelle
Lösung anstehender Probleme dürfe man hoffen. Und

---

314 Plechl an Groër, 15. Aug. 1995
315 An Johann Nowak, 16. Aug. 1995
316 Im ORF-Morgenjournal. Kathpress, 17. Aug. 1995, S. 4
317 Kathpress, 11. Aug. 1995, S. 3
318 Kurier, 16. Aug. 1995, S. 2
319 Kleine Zeitung, 16. Aug. 1995, S. 2

Groër? Er hätte sich den Anschuldigungen wegen sexuellen Missbrauchs stellen sollen[320].

Weber sah die neunjährige Amtszeit des scheidenden Erzbischofs von hohem persönlichen Einsatz geprägt, fügte aber einschränkend hinzu: *in seiner Art*[321]. Im Übrigen glaubte er, es sei ehrlicher und klarer, *nicht eine Fülle von Worten zu gebrauchen* (1. Sept. 1995).

Schönborn aber ließ sich auf verschiedenste Ankündigungen ein, die seine innere Unruhe und Nervosität zeigten. Er werde den Mittagstisch öffnen und Politikern, Künstlern und Experten aller Art Gelegenheit zum persönlichen Gespräch geben. Er werde der Jugend Priorität einräumen und die diözesanen Gremien ernst nehmen. Und den Dialog so lange führen, bis ein Konsens erreicht sei[322]. Er wolle einen *Kurs der Mitte* steuern[323] und hoffe auf einen Neubeginn[324].

Günther Nenning nahm auch diesmal im Volk der Medienschaffenden eine Sonderstellung ein, wollte er doch jenseits des Triumphgeschreis der progressiven Verfolger Groërs *ein menschliches Wort* über den Kardinal sagen: Der alte Mann tue ihm leid. *Schweigen und beten* war dessen Motto gewesen. Man könne das Schweigen als unzweckmäßig erachten und Beten als altmodisch. *Aber ein unwürdiges Motto ist das nicht!* Nenning wusste die Situation zu deuten: *Der Gejagte tut zu guter Letzt sogar den Jägern leid, sobald die Beute daliegt und die Meute zu Atem kommt.* Und er

---

320 Kathpress, 17. Aug. 1995, S. 3. – Die »Neue Österreichische Bildpost« vom 27. August bezeichnete diese Stellungnahme als *unhöflich und unfair*. Kathpress, 3. Sept. 1995, S. 6f.

321 Kathpress, 18. Aug. 1995, S. 2

322 Die Presse, 17. Aug. 1995, S. 3

323 Kathpress, 17. Nov. 1995, S. 3f.

324 Kleine Zeitung, 16. Aug. 1995, S. 2

erinnerte daran, dass die goldene Regel der Unschuldsvermutung rasch in Vergessenheit gerät, wenn die »Geschichte« zum Selbstläufer wird[325].

Der Monat September begann mit der Feier des
Herz-Jesu-Freitags im Dom; die Weihbischöfe Schönborn und Laun konzelebrierten bei der schon zur Tradition gewordenen hl. Messe. In der Predigt erwähnte
der Kardinal seine eigene Situation mit keinem Wort. Er
sprach vom Guten Hirten, der Versöhnung suche und
nicht Vernichtung und Verurteilung. Außergewöhnlich viele Gläubige waren gekommen, außergewöhnlich
lang war auch der Applaus nach dem Schlusssegen. Diese Eucharistiefeier war der eigentliche Abschied Groërs
von Amt und Dom gewesen.

Mit dem 8. September, dem Festtag Mariä Geburt,
war das persönliche Dankschreiben des Papstes an den
Wiener Oberhirten datiert:

*Dem verehrten und geschätzten Hans Hermann Kar-
dinal Groër, der sich anschickt, am Tage der Kreuzerhöhung und zum zehnten Jahrestag seiner Bischofs-
weihe die pastorale Leitung der geliebten Erzdiözese
abzugeben, gilt der Ausdruck meines tiefen Dankes
für den der Kirche erwiesenen hochherzigen und treu-
en Dienst. Mit der Bitte an Christus, den Guten Hirten, um alles erdenkliche Wohlergehen erteile ich dem
Herrn Kardinal von Herzen meinen Apostolischen Segen, in den die ganze Erzdiözese mit eingeschlossen sei.*

Dieses Schreiben Johannes Paul II. wird man nicht als
bloße Konvention abtun dürfen, denn der Papst wusste die Integrität und die spirituelle Qualität Groërs sehr
wohl zu schätzen. Daran hatte sich in den vergangenen

---

325 Regensburger Bistumsblatt, 16. Juli 1995, S. 7. – Der österrei-
     chische Journalist, Nr.2/1995, S. 58

Monaten der Kampagne nichts geändert. Der Papst habe dem Kardinal das volle Vertrauen ausgesprochen, sagte Krenn zu Anfang September. *Das wird Groër in seiner Bescheidenheit sicher nie zugeben, nur: Ich weiß es*[326]! Tatsächlich hat sich Groër selbst nie auf den Papst berufen, nie auf seine Privataudienz am 23. Mai verwiesen. Nur »beiläufig« ist aus Randbemerkungen anderer Näheres zu erfahren. So erzählte Bernhard Vošicky OCist. in einer Predigt am 8. Juni, er habe am 18. Mai in Rom Gelegenheit gehabt, dem Heiligen Vater zu dessen Geburtstag zu gratulieren und dem Papst dabei eine Fotografie des Kardinals zu zeigen. Dieser habe das Segenszeichen über das Bild gemacht und dabei gesagt, dass er jeden Tag für ihn bete. Das bestätigt auch der polnische Priester Stanislaus Kluz (1914–2011), Universitätsseelsorger in Wien, der am 1. August mit dem Papst konzelebrieren durfte. Danach sagte Johannes Paul II. zu ihm, dass er diese hl. Messe für das Land Österreich aufgeopfert habe und *für den Kardinal Groër, dem das tiefste Unrecht geschah*. Er solle dies dem Herrn Kardinal sagen[327]. Und umgekehrt: Groër forderte dazu auf, Gott zu danken, *dass er uns diesen Heiligen aus Wadowice als Hirten für die ganze Kirche geschenkt hat*[328]! Der Papst sei sehr lieb zu ihm gewesen, sagte er einem Priesterfreund, doch er sei nicht allein, und Rom möchte vor allem Ruhe haben[329].

Die Wertschätzung des Papstes für Groër bezeugte selbst Schönborn: Ich war heute [= 27. Juni 1995] *beim Papst. Der Papst schätzt den Kardinal Groër sehr*[330].

---

326 Kathpress, 3. Sept. 1995, S. 3
327 Kluz an Groër, 2. Juli 1995 und 14. Sept. 1995
328 An R. Necek, 3. Okt. 1995
329 Pfarrer Groß an Squicciarini, 10. Dez. 1998
330 K.D.M. an Groër, 7. Juli 1995

Am 8. September besuchte nun Bundespräsident Klestil den Kardinal, um ihm *im Namen aller gutgesinnten Österreicher für alles Dank zu sagen*[331]. Und am selben Tag »Mariä Geburt« richtete der Heilige Vater auch einen längeren Brief an die Bischöfe Österreichs, der am 14. September im »L'Osservatore Romano« veröffentlicht wurde. Das Schriftwort: *Ich werde den Hirten erschlagen, dann werden sich die Schafe der Herde zerstreuen* (Mt 26,31), ist darin das Schlüsselwort. Der Papst spricht von Strategie, vom Versuch der Zerstörung der Kirche in Österreich, von Verdächtigungen, Kritiksucht und Zwietracht, von Prüfungen, die auch den Nachfolgern der Apostel nie erspart bleiben. Johannes Paul II. beglückwünscht ferner Kardinal König zu dessen 90. Geburtstag und dankt Kardinal Groër für dessen treuen und hochherzigen kirchlichen Dienst[332].

Die Rezeption dieses Schreibens in der weltlichen und kirchlichen Öffentlichkeit ist nun bemerkenswert. Dass die Mehrzahl der Medien über diesen Brief herfallen und ihn wie »Poldi Hubers Schulaufsätze« zerpflücken würde[333], war wohl vorauszusehen. Das Verhalten von kirchlichen Persönlichkeiten ist aber bisweilen einigermaßen befremdend. Bischof Weber bezeichnete diesen Brief als Dokument der Verbundenheit, der Mitsorge und der Ermutigung für die Zukunft. Ansonsten referierte er lediglich den Inhalt[334]. Schönborn bewertete den päpstlichen Hinweis auf eine »Strategie« als

331 Groër an Edda Krzoska, 9. Sept. 1995. – Die Unterredung hatte eine ganze Stunde gedauert. Groër an A. Fischer, 9. Sept. 1995

332 Text: Kathpress, 15. Sept. 1995, S. 18–20. Ferner: Amtsblatt der Österreichischen Bischofskonferenz Nr.16, 20. Dez. 1995, S. 7f.

333 *… absurde Weltsicht Roms.* Kurier, 15. Sept. 1995, S. 2

334 Kathpress, 15. Sept. 1995, S. 5f.

ein sehr delikates Argument, man lebe heute ja nicht in einer Zeit der Kirchenverfolgung[335]. Im Übrigen solle man nichts dramatisieren, während das Profil meinte, das päpstliche Schreiben wäre ein Mühlstein um den Hals des neuen Erzbischofs[336]. Helmut Schüller, Schönborns neu ernannter Generalvikar, erklärte sich hinsichtlich des Papstbriefes als nicht sehr glücklich. Rom könne doch nicht wünschen, dass man in der Erzdiözese von neuem mit Diskussionen beginne. Niemand solle Verschwörer suchen. Müsste also eine Korrektur der Verschwörungstheorie erfolgen? *Wir werden das miteinander besprechen, ja!* Schüller hatte keinen Anstand daran genommen, sich in die Redaktionsräume des »Profil« einladen und sich unter den eingerahmten Titelseiten der berüchtigten März- und April-Ausgaben fotografieren zu lassen[337]. Derselbe Schüller war es gewesen, der noch beim KANA-Fest Anfang Juli in Maria Roggendorf sich zur *starken Prägung und Führung* durch Kardinal Groër bekannt hatte. Durch Groër habe er lernen dürfen, *was Kirche sein soll*[338].

Im Urteil der »Furche« war das ganze Papstschreiben *völlig überflüssig*[339] und das dachte wohl auch die Bischofskonferenz bei ihrer Herbstsitzung 1995 (6.–9. November), denn sie erwähnte den Brief des Heiligen Vaters mit keiner Silbe[340]! Wohl aber Alfred Worm: Der

---

335 Kathpress, 19. Sept. 1995, S. 7. – Groërs Sicht war dazu ganz gegenteilig. Er sprach von der innerkirchlichen Verfolgung gerade jener, *die am treuesten bewahren wollen, was zum Wesen der Kirche gehört.* An Olaf Burchert, 18. Okt. 1995

336 Kathpress, 24. Sept. 1995, S. 4

337 Kathpress, 19. Sept. 1995, S. 9

338 ED Wien, PEW-Nachlese, 19. Juli 1995, S. 17f.

339 Furche, 21. Sept. 1995, S. 1 (Boberski)

340 Die Bischöfe haben ihn *vollkommen ignoriert. Wohin sind wir gekommen?* Groër an M. K., 13. Nov. 1995

Papst sei, nicht zum ersten Mal, *vom Heiligen Geist verlassen*[341].

Längst war der Entschluss Groërs, an der Dankmesse am 14. September abends, zu der das Domkapitel einlud, nicht teilzunehmen, gefallen. Aussagekräftig ist in diesem Zusammenhang ein Brief, den er einem Dechanten schrieb:

Ich wurde in den letzten Monaten nicht nur von den Dechanten, sondern von allen möglichen Verantwortlichen unserer Diözese in der Dir bekannten Causa nicht unterstützt, nicht verteidigt. Ich kann in meiner Funktion bei den Verdächtigungen und übelster Lynchjustiz seitens der Medien keine wirksame Solidarität erkennen. Deshalb sehe ich mich nicht imstande, bei der »Dankmesse« mitzuwirken, wenngleich ich Gott persönlich für vieles zu danken habe. Aber die kirchliche Öffentlichkeit hat mich in den größten Nöten in keiner Weise unterstützt – im Gegenteil meinen Rücktritt in aller Form gefordert, und das in »eleganter« Art: »Wenn ich in dieser Lage wäre, würde ich selbstverständlich zurücktreten...« Bei der Diffamierung, die ursprünglich vier verstorbenen höchsten kirchlichen Persönlichkeiten gelten sollte[342], dann aber jenen gewidmet war, deren Namen Du ja kennst, ist alles auf dem Rechtsweg und ohne Aufsehen gesagt und getan worden. Bei mir gab es jede Stunde eine neue Anklage – bis zuletzt auch von den kirchlichen Medien eifrigst betrieben[343]...

Die Übergabe des erzbischöflichen Amtes erfolgte am 13. September um 9.00 Uhr vormittags in der Nun-

---

341 Kirche Intern, Okt. 1995, S. 9
342 Siehe oben S. 105
343 An Josef Levit, 12. Sept. 1995

tiatur und wurde am 14. d.M. um 15.00 Uhr rechtswirksam. Der Schlusssatz dieses Dokumentes lautete: … *und das in Dankbarkeit gegenüber dem Heiligen Vater, der mich in der Bedrängnis der letzten Monate durch sein Gebet unterstützt und das neunte Jahr meines bischöflichen Dienstes vollenden ließ.*

Bereits am 25. Juli hatte die Übersiedlung nach Maria Roggendorf begonnen. Sie erfolgte etappenweise und in kleinen »Portionen«, denn der Kardinal legte keinen Wert darauf, dass ein Lastauto mit Übersiedlungsgut fotografiert würde. Die vielfach apostrophierte »Heimkehr« gestaltete sich auch insofern schwierig, als die Erweiterungsarbeiten am Prioratsgebäude von »St. Josef« in vollem Gange waren und die Mitbrüder des Konvents ebenso gezwungen waren Ausweichquartiere zu beziehen. So wurden auch für den Kardinal in Eile zwei kleine Räume im Gästebereich des Klosters Marienfeld adaptiert und für vier Mitbrüder eine vorübergehende Bleibe geschaffen. Groër wohnte seit den Mittagsstunden des 13. September in dem von ihm erbauten Kloster Marienfeld. P. Clemens Reischl, Prior von »St. Josef«, freute sich darüber: *Es trägt ja alles hier seine Handschrift!* Der Kardinal sei *total offen,* er sehe sich alles genau an, und *wir diskutieren darüber. Er wird sicher kein passiver Pensionist sein*[344].

Seit der Ankündigung des Rücktritts schwoll die Briefflut, die dem Kardinal Bekundungen des Dankes und gute Wünsche für den »Ruhestand« ausdrücken wollte, beträchtlich an, und es zeugt von seiner eisernen Disziplin und seinem Seelenfrieden, dass er auch am 13. und 14. September eine Vielzahl von Antworten versenden konnte – immer in individueller Art und

344 Kurier, 17. Aug. 1995, S. 9

auf die Anliegen der Korrespondenten eingehend. *In der Zwischenzeit haben mir Unzählige für mein Schweigen gedankt – auch der Heilige Vater*[345].

In dieser Korrespondenz legte Groër wiederholt Wert auf eine Richtigstellung: Er habe, wie es das Kirchenrecht vorsieht, seine Bereitschaft zum Rücktritt zum Ausdruck gebracht, nicht aber den Papst gebeten oder gar gedrängt, demissionieren zu dürfen – im Sinne einer Befreiung oder »Erlösung« vom Amt des Erzbischofs. Dieser Eindruck war nämlich in der Öffentlichkeit, nicht von ungefähr, entstanden. Dass er ebenso wiederholt über das Verhalten seiner Mitbischöfe Klage führte, wird man ihm nicht verargen dürfen[346]. Er hätte diesen »Ruhestand« nicht veranlasst, *andere Höchstverantwortliche der Kirche unseres Landes haben ihn gefordert*[347]. Weber reduzierte (privat) seinen Mangel an Solidarität dahingehend, dass es eben eine Verschiedenheit in der Lebensgeschichte gebe, in der Mentalität und Denkweise; öffentlich hingegen setzte er seine Kritik am Schweigen des Kardinals fort: Er erwarte keine weitere Aufklärung des »Falles« mehr; ihm verbleibe ein *Stück Unzufriedenheit*[348]. Iby entschuldigte sich, wenn seine Stellungnahmen Groër verletzt haben sollten[349].

Auch die Ambivalenz Schönborns dauerte an. Einerseits sprach er vom großen Segen, der im großen Kreuz Groërs verborgen sei; die Früchte wären schon greifbar, er, Schönborn, dürfe bereits ernten, was er nicht selbst

---

345 Groër an Friedrich Griess, 14. Sept. 1995

346 Er habe auf sein Amt Verzicht geleistet, *wie mir der Heilige Vater auf Wunsch gewisser Bischöfe aufgetragen hat.* An L. Bischof, 11. Sept. 1995

347 Privatbrief vom 3. Okt. 1995

348 Kathpress, 19. Okt. 1995, S. 2.18

349 Iby an Groër, 15. Sept. 1995

gesät hätte. Zudem staunte er über das Arbeitspensum, das der Kardinal Tag für Tag auf sich genommen habe. Er könne nur danken, dass er vier Jahre lang in dessen Schule habe gehen dürfen[350]. Ja, er habe ihm wirklich *unschätzbar viel* zu verdanken. Auf seinem Schreibtisch stand ein Bild seines Vorgängers[351]. Doch für die Unschuld des Kardinals einzutreten, wagte er auch weiterhin nicht. Die Angelegenheit sei ja bis heute nicht geklärt, wenn Groër auch, *ob schuldig oder unschuldig*, Achtung verdiene. Gottes Vorsehung wirke auch *durch menschliche Schwächen und Fehler*[352]. Im Advent wird es wieder etwas anders sein, denn Groër habe, so sagte sein Nachfolger, in einer Weise Demütigungen erfahren, die allen zu Herzen gehen müssten. In der Wertung Gottes schauten die Dinge ja anders aus[353].

Kardinal Groër selbst fasste dahingehend zusammen, dass der sogenannte »Ruhestand« von ihm nicht erbeten, sondern vom Staatssekretariat *befohlen* worden sei und dies *eigentlich gegen den Willen des Heiligen Vaters, nur auf mächtigsten Druck diverser Höchstverantwortlicher in unserem Land und deren Freunde in Rom.* Der Papst sei eben *nicht allein*, sondern von Leuten umgeben, die durch die Medien in Angst versetzt seien; der Ehrgeiz treibe sie, *etwas werden zu wollen*[354]. Die enttäuschende *Treulosigkeit auch bei seinen Kollegen im Bischofsamt* machte ihm arg zu schaffen[355]. Die Kirche habe sich anscheinend ganz und gar der Mediokratie unterworfen.

350 Kathpress, 16. Sept. 1995, S. 2; 19. Sept. 1995, S. 8
351 Karl Flügel an Groër, 13. Aug. 1996
352 Kathpress, 19. Sept. 1995, S. 7
353 M.K. an Groër, Dez. 1995
354 Groër an Edda Groër, 7. Nov. 1996
355 Groër an Thomas Kaupeny, 27. Aug. 1995

Bei allem Eifer und bei aller Gewissenhaftigkeit musste der Kardinal nun aber doch seine Korrespondenz einschränken. Er war gesundheitlich deutlich geschwächt, und wen wollte dies wundern[356]? Er könne nicht mehr so viel schreiben und lesen wie bisher, das letzte Jahr habe ihm mehr zugesetzt als all die 76 Jahre seiner Pilgerschaft zuvor. Er fühlte eine deutliche Schwäche, an einem September-Abend kam es zu einem heftigen Ischias-Anfall[357]. Die Kartoffelsuppe, schon in früheren Jahren bevorzugtes Nahrungsmittel, war ihm auch jetzt »Hauptmedizin«, und nach wie vor – seit dem März dieses Jahres – hörte er kein Radio und las keine Zeitungen[358]. Er übte deutliche Zurückhaltung bei der Annahme von Terminen, fühlte er sich doch äußerst angestrengt. Auch sein Herz schien ihm nicht mehr sehr verlässlich. *Die schrecklichsten Monate meines Lebens haben mir auch physisch so zugesetzt, dass ich momentan nur mit äußerster Vorsicht agieren kann.* Die Situation wurde auch dadurch erschwert, dass ihm kein Auto zur Verfügung stand. Es ist einsichtig, dass sich der Rufmord und all die damit verbundenen Kränkungen, das schwere Trauma, das er erlitten hatte, auch physisch auswirken mussten[359]. Dennoch verlor er nicht seinen Humor: *Je länger man ein Schnitzel klopft, desto besser schmeckt es!*

Auch die Bauarbeiten am Prioratsgebäude waren für ihn eine Art »Medizin«, denn Derartiges fand immer sein Interesse. Täglich verfolgte und beobachtete

---

356 Eine Fachärztin hatte ihm geschrieben: *Das, was Sie aushalten mussten und müssen, muss bei jedem Menschen die Gesundheit in schwerer Weise schädigen.* H. St., 17. Mai 1995

357 An Ernst Burkhart, 22. Sept. 1995

358 Groër an Hubert Partner, 28. Aug. 1995

359 An Heinrich Thurner, 4. Dez. 1995

er die Fortschritte und freute sich über die hochherzige Mithilfe seiner jungen Mitbrüder. Er war ja immer ein Mensch des Aufbauens und nicht des Niederreißens: *Du hast ja über Deine geistlichen Charismen hinaus auch das Charisma eines Architekten* (J. Bauer).

Rückblick

Nicht nur Journalisten, sondern auch Freunde; nicht nur Persönlichkeiten des öffentlichen Lebens, ebenso ganz einfache Leute versuchten die neunjährige Zeit Groërs als Erzbischof von Wien zusammenzufassen und zu bewerten. Dass jene, die von Kirchenveränderung träumten oder sich wie Bischof Weber als Zeugen der Geburt einer »neuen Kirche« sahen, kaum ein gutes Wort fanden, war nicht anders zu erwarten. Dass nicht wenige eine höchst positive Sicht des Kardinals im Herzen trugen, aber keine »Stimme« in der Mediengesellschaft besaßen, wird nach all dem, was vorangegangen war, ebenso nicht verwundern dürfen. *Die Geschichte wird das Urteil sprechen* (Squicciarini).

Es ehrt die »Kathpress«, dass sie in einer Analyse vom 12. September die so häufige Gegenüberstellung Groër / König unterließ und einen sanft-zurückhaltenden Überblick über die neun Jahre zu geben suchte. Dass dabei die ausgeprägte Verbundenheit mit dem Papst eigens betont wurde, entsprach ja durchaus den Tatsachen. Es war dies ein vom Glauben her getragener Gehorsam, dem es nie in den Sinn kam, eigene Wege zu gehen, sich Freiräume zu verschaffen oder diese auszuweiten. Zu demütig war da der Kardinal und zu viel wusste er aus der Kirchengeschichte. Dem Zitat Prälat Ungars, Groër habe *etwas von der geheimen Mitte der Kirche verstanden*, wird man nur beipflichten können.

Auf Journalisten wie Fritz Csoklich, Michael Maier, Hans Rauscher, Kurt Wimmer, Josef Bruckmoser oder Josef Ertl näher einzugehen, dafür besteht keine Notwendigkeit[360]. Wohl aber verdient die Predigt, die Kanonikus Msgr. Michael Wilhelm, Sekretär der Bischofskonferenz, am 14. September bei der schon mehrfach erwähnten Dankmesse in St. Stephan vorgetragen hat, aufmerksame Beachtung. Der Domprediger stellte nämlich die neun Jahre 1986–1995 unter das Zeichen des Kreuzes und erinnerte an die Worte Weihbischof Mosers, die dieser damals, am Fest Kreuzerhöhung, bei der Begrüßung Groërs im Dom am Beginn der Weiheliturgie gesagt hatte: *Das Kreuz wird in Ihr priesterliches und bischöfliches Alltagsleben tief hineinreichen. Nur aus dem Kreuz wird das Heil erstrahlen und im Kreuz ist alles, was uns Menschen beschwert, bereits überwunden*[361]. Er hatte wie ein Prophet gesprochen. Es war ein unspektakuläres Wirken in der Stille, das viele Namen hatte, ein Wirken in Disziplin, Selbstverleugnung und Verzicht, in beispielhafter Hingabe, im Vertrauen auf die Gnade Gottes, das in seinem Wahlspruch deutlich wurde: »In verbo autem tuo«. »Auf dein Wort hin!« Und dies nicht in der »Auslage«, sondern im Verborgenen.

Zum Kreuz der neun Jahre, das Groër zu tragen hatte, gehörte auch eine Last, die keiner mit Namen nennen wollte. Erstmals war in der Erzdiözese Wien die Situation gegeben, dass ein regierender Erzbischof seinen pensionierten Vorgänger in seiner Nähe wusste, dessen Denken und Wirken mit dem seinen nicht immer konform war. Vor allem: Die Wortführer der Oppositi-

---

360 Siehe Kathpress, 17. Sept. 1995, S. 2f.
361 Vgl. I. FUX, Der unerwartete Erzbischof, Wien 2012, S. 87f.

on gegen Groër wussten das Ansehen Königs zu nutzen und spielten in gedeckter Weise dessen persönliche Autorität gegen den »Benediktinerpater« aus, wenn es darum ging, eine »Linie« zu bekämpfen und das, was sie als »Geist des Konzils« ausgaben, zu popularisieren. König ließ sich dazu gebrauchen; er reiste von Stadt zu Stadt und von Dorf zu Dorf, nicht um das Evangelium zu predigen, sondern um seine Sicht des Konzils und der kirchlichen Zukunft in Reden und Vorträgen darzutun. Groër hat er wenig geholfen; die Protagonisten im Kampf um eine neue Kirche wussten sich aber ihm, der Zurückgezogenheit augenscheinlich nicht recht ertragen konnte, zutiefst verbunden. Die Behauptung A. Fenzls, Groër habe seinerzeit den Kirchenkurs Königs nie ganz mitgetragen[362], wird man berechtigterweise umkehren dürfen: König hat das Wollen seines Nachfolgers nie wirklich mitgetragen und hat auf seine Einflussnahme keineswegs verzichten wollen. Eine genaue Analyse würde wohl zum Ergebnis gelangen, dass er in gleicher Weise das Wollen des Papstes nicht wirklich verstanden und sich zu Eigen gemacht hat. Man wird sich dennoch hüten müssen, vorschnell irgendeine Art von Böswilligkeit anzunehmen, denn auch das will bedacht sein, dass nämlich eines Tages bei Groër einige Zeilen Königs einlangten: *Erlauben Sie mir, dass ich auf diesem Wege noch einen persönlichen Wunsch anfüge: Beten Sie gelegentlich für mich, wie ich es für Sie tue.* Noch ein weiterer Brief Königs lief ein. Groër hatte ihm zu dessen 90. Geburtstag eine Holzskulptur »Pilger mit Stab« verehrt. Im Dankbrief heißt es:

---

362 Annemarie FENZL, Kardinal König Erzbischof von Wien (1905–2004), in: Faszinierende Gestalten der Kirche Österreichs, hrsg. von Jan MIKRUT, Bd.11, Wien 2003, S. 115–164, hier S. 154

Ich weiß, wie sehr Sie sich in den vergangenen Jahren bemüht haben, die schwierigen Aufgaben eines Wiener Erzbischofs nach besten Kräften zu entsprechen. Was meine Person angeht, so habe ich mir immer gesagt, es kommt nicht so sehr auf das Urteil der Menschen an, als darauf, dass man auch als Bischof vor Gott bestehen kann[363].

Versucht man die Mentalität der Kirchenveränderer dieser Jahrzehnte in die kirchliche Geistesgeschichte einzuordnen, so wird man überraschende Parallelen zur Epoche der Aufklärung und des Josephinismus in der zweiten Hälfte des 18. Jahrhunderts feststellen können. Die Bekämpfung des päpstlichen Primats, der inneren und äußeren Verbindung mit Rom und der Ernennungspolitik hinsichtlich der Bischöfe und Professoren, die Aversion gegen den Zölibat und die kontemplative Lebensweise, die Vernachlässigung von Kreuz und Selbstverleugnung und eine allenthalben wirksame Gesinnung von Stolz und Arroganz formten damals wie in der jüngsten Zeitgeschichte Denken und Agieren, und jedwede Art von Unlauterkeit war Folge davon. Dass schwachgläubige Flachwurzler auch sehr rasch Takt und Anstand preisgeben, wird dann niemanden wundernehmen. Das mediale Waffenarsenal, früher meist nur in Zeitungen und einer Broschürenflut wirksam, hatte ungeahnte Ausweitung erfahren. Von Alaska bis Singapur »wusste« man es dann, dass Kardinal Groër in jüngeren Jahren ein »Knabenschänder« und ein »Sittenstrolch« gewesen wäre[364].

---

363 König an Groër, 6. Sept. 1995
364 *Der ORF hat mich im letzten halben Jahr in einzigartig negativer Weise behandelt und wesentlich zur weltweiten Diffamierung meiner Person und meines Wirkens beigetragen, und das ohne jede Spur von Entschuldigung oder gar Veränderung...* Groër an E. Brabenetz, 18. Sept. 1995

Seit dem 14. September 1995 nachmittags war Groër kein regierender Bischof mehr. War also die Kampagne damit erfolgreich zu Ende gegangen? *Das Opfer ist geschlachtet, Groër ist erledigt,* hatte Zulehner vordem festgestellt. Man hat die Vergleiche mit der Passionsgeschichte Jesu scharf kritisiert; sie seien frivol und blasphemisch[365]. Dennoch wird man, fernab jeder Polemik, an das Wort des Kajaphas erinnern dürfen: *Ihr versteht überhaupt nichts. Ihr bedenkt nicht, dass es besser für euch ist, wenn ein einziger Mensch für das Volk stirbt, als wenn das ganze Volk zugrunde geht* (Joh 11,49f.). So manchen Mitbischöfen hätte die Konvergenz ihres Verhaltens mit jenem damaliger Verantwortungsträger viel deutlicher zu Bewusstsein kommen müssen. Ein historisch Gebildeter erinnerte an die »Fritsch-Krise« 1938 im Dritten Reich[366].

Und auch das darf in Erinnerung gerufen werden, was Augustinus über die Märtyrer sagte: Sie seien Sieger, *victores.* Denn Jesus, der getreue Zeuge, ist deshalb in seinem Sterben Sieger, weil er zugleich zum Opfer wurde. *Victor quia victima*[367]. Groër, scheinbar besiegt und erledigt, blieb dennoch Sieger, denn er hatte sich dem kolossalen Druck der Medien nicht gebeugt, sich von der »öffentlichen Meinung« nicht nötigen lassen und den Einflüsterungen und Forderungen einer bischöflichen Mehrheit widerstanden. Die prinzipielle Be-

---

365 Groër selbst sprach von einem *kleinen Anteil an der Opferbereitschaft unseres Herrn Jesus Christus.* An Siegfried Udrasals, 22. Sept. 1995

366 Werner Frhr. von Fritsch war Oberbefehlshaber des Heeres und wurde 1938 wegen angeblicher Homosexualität aus der Armee entfernt. Gefallen 1939.

367 AUGUSTINUS, Confessiones X,43,69

deutung dieses Widerstandes kann gar nicht hoch genug eingeschätzt werden.

Wir setzen hierher den Brief des Grazer Universitätsprofessors Edgar Josef Korherr:

Tief traurig bin ich über die Kampagne der letzten Wochen, noch mehr aber, dass selbst hohe kirchliche Würdenträger offensichtlich nicht erkennen, welche Kräfte hinter diesem Krieg der Medien gegen die Romtreue in der Kirche stecken. Man lässt sich von liberalen Journalisten und profilierungssüchtigen Volksbegehrens-Initiatoren treiben, statt – wie Du es tust – Rückgrat zu zeigen. Es ist noch nie gut ausgegangen, wenn man sich von der Journaille drängen ließ, mit den Wölfen zu heulen. Ein solcher Weg führt nicht nach Rom, sondern bestenfalls nach Wittenberg oder in eine Freimaurerloge. Wie furchtbar wäre es etwa, wenn das Wirklichkeit würde, was das Kirchenvolksbegehren verlangt. Ist man sich denn nicht bewusst, dass bei einer Bischofswahl durch das Volk kein einziger der jetzt in Österreich lebenden Bischöfe berufen worden wäre! Was wären das für Bischöfe, die ihre Ernennung dem Wohlgefallen der durch die Medien manipulierbaren Mehrheit verdanken? Ich denke, dass diese meine Sicht der Sachlage von gar nicht so wenigen geteilt wird, die aber weder in den Medien noch in kirchlichen Gremien zu Wort kommen.

Ich kann mir vorstellen, wie schwer es Dir fällt, konsequent zu bleiben, und ich bewundere die darin zum Ausdruck kommende Größe. Möge der Herr das Kreuz, das Menschen Dir auferlegen, zum Durchgang in ein Ostern werden lassen, in dem nicht Chefredakteure diktieren, sondern schlicht und ein-

fach die Vernunft zu ihrem Recht kommt. Erst die
Zukunft wird offenbar werden lassen, was die Kirche
in Österreich Dir und Deinem Wirken verdankt[368].

Was wird die Zukunft bringen? Werden sich Draht-
zieher und Protagonisten der Kampagnen mit dem Er-
reichten zufrieden geben? »Damals« war die Geißelung
Jesu den Anklägern jedenfalls zu wenig gewesen.

Die Kinder Mariens würden sich allezeit der Verfolgung durch Satan und dessen Handlanger »erfreu-
en«, schrieb einst der hl. Grignion von Montfort. Als
nun verschiedentlich die Hoffnung ausgesprochen wurde, dass die Kampagne zu Ende sei, erwiderte Groër:
*Meines Erachtens ist sie leider keineswegs schon abge-
schlossen.* Was jetzt folge, sei vielleicht nur eine *Ruhe
vor dem Sturm*[369].

Er sollte Recht behalten.

368 Edgar Josef Korherr, 17. Sept. 1995
369 An Lambert Wimmer, 21. Sept. 1995. – Ähnlich an Rainer
      Henn, 22. Sept. 1995

LITERATUR

EINZELVERÖFFENTLICHUNGEN

BREITENFELLNER, Kirstin, Wir Opfer. Warum der Sündenbock unsere Kultur bestimmt, München 2013

BRUCKMOSER, Josef, Johann Weber. Kirche auf der Spur des Konzils, Graz, Wien, Köln 2001

CSOKLICH, Fritz u.a. (Hg.), ReVisionen. Katholische Kirche in der Zweiten Republik, Graz, Wien, Köln 1996

DÖRNER, Reinhard (Hg.), Der Wahrheit die Ehre. Der Skandal von St. Pölten, Stadtlohn 2008

FENZL, Annemarie, Kardinal König Erzbischof von Wien (1905–2004), in: Faszinierende Gestalten der Kirche Österreichs, hg. von Jan MIKRUT, Bd.11, Wien 2003, S. 115–164

FUX, Ildefons M., Der unerwartete Erzbischof. Groërs Ernennung und Weihe, Wien 2012 (Gottgeweiht. Beiheft 19/20)

Ders., Aufbau im Widerstand. Groërs erste Bischofsjahre 1987–1989, Wien 2013 (Gottgeweiht. Beiheft 21/23)

Ders., Zum Altare Gottes will ich treten. Hans Groërs Weg zum Priestertum, Wien 2011 (Gottgeweiht, Beiheft 15)

Ders., Die Hollabrunner Jahre. Hans Groër als Professor, Jugendseelsorger und Pfarrprovisor, Wien 2011 (Gottgeweiht, Beiheft 16)

Ders., Maria am Werk. Die Monatswallfahrt. Groër und die Legion Mariens. Marienfeld. Das Kloster »St. Josef«. Das Aufbaugymnasium, Wien 2011 (Gottgeweiht, Beiheft 17/18)

JEDIN, Hubert, Lebensbericht. Hg. von Konrad REPGEN, Mainz 21995

KEPPLINGER, Hans Mathias, Die Mechanismen der Skandalierung. Die Macht der Medien und die Möglichkeiten der Betroffenen, München 22005

Ders., Die Mechanismen der Skanalisierung. Zu Guttenberg, Kachelmann, Sarrazin & Co.: Warum einige öffentlich untergehen – und andere nicht, München 2012

KRÄTZL, Helmut, Kirche im Zeitgespräch, Salzburg, Wien 1996

Ders., Mein Leben für eine Kirche, die den Menschen dient, Innsbruck, Wien 2011

KREIML, Josef u.a. (Hg.), Der Wahrheit verpflichtet. Festschrift für em. Diözesanbischof Prof. Dr. Kurt Krenn zum 70. Geburtstag, Graz 2006

PÖRKSEN, Bernhard, DETEL, Hanne, Der entfesselte Skandal. Das Ende der Kontrolle im digitalen Zeitalter, Köln 2012

SCHÖDL, Ingeborg, Vom Aufbruch in die Krise, Innsbruck, Wien 2011 (Editio Ecclesia semper reformanda 6)

SCHÖNBORN, Christoph, Herzstücke unseres Glaubens, Wien 1994

Ders., Wer braucht Gott? Barbara Stöckl im Gespräch mit Kardinal Christoph Schönborn, Salzburg 2007

WASTE, Gabriele, Hans Hermann Kardinal Groër. Realität und Mythos, Stadtlohn 2013

WINKLER, Gerhard B., Die katholische Kirche in Österreich von 1986 bis 2005, in: Jan MIKRUT (Hg.), Die katholische Kirche in Mitteleuropa nach 1945 bis zur Gegenwart, Wien 2006, S. 193–226

ZINCKE, Flavia, Meine Erinnerungen an Hans Hermann Kardinal Groër, (Wien 2007), (vervielfältigtes Typoskript)

ZWEIG, Stefan, Marie Antoinette, Frankfurt 1997

PERIODICA

Amtsblatt der Österreichischen Bischofskonferenz, Wien

Der »13.« – Monatszeitung für Glaube und Kirche, Kleinzell

Der österreichische Journalist. Fachzeitschrift für Journalisten, Salzburg

Die ganze Woche. Wochenzeitschrift, Wien

Die Ostschweiz. Katholische Tageszeitung, St. Gallen

Die Presse. Österreichische Tageszeitung, Wien

Die Welt. Deutsche überregionale Tageszeitung, Hamburg

Falter. Wochenzeitung. Stadtmagazin für Wien, Wien

FAZ = Frankfurter Allgemeine Zeitung, Frankfurt am Main

Furche = Die Furche. Österreichische Wochenzeitung für

Gesellschaft, Politik, Wirtschaft und Kultur. Wien

Gottgeweiht. Vierteljahresschrift für Ordensfrauen (ab 1996: Vierteljahresschrift zur Vertiefung geistlichen Lebens), Wien

Kathpress. Katholische Presse-Agentur, Wien

Kirche bunt. St. Pöltner Kirchenzeitung, St. Pölten

Kirche Intern. Wien

Kleine Zeitung. Regionale Tageszeitung, Graz

Kronenzeitung = Neue Kronenzeitung, Wien

Kurier. Österreichische Tageszeitung, Wien

Neue Zeit. Sozialdemokratische Tageszeitung für Steiermark

Neues Volksblatt. Tageszeitung, Linz

News. Wochenmagazin, Wien

o.k. Offene Kirche, St. Pölten

PEW = Pressedienst der Erzdiözese Wien. Wien

Profil. Das unabhängige Nachrichtenmagazin, Wien

Regensburger Bistumsblatt, Regensburg

RL = Regina Legionis. Monatsbrief der Legion Mariens in Österreich, Wien

Salzburger Nachrichten. Österreichische Tageszeitung, Salzburg

Sonntagsblatt für die Steiermark, Graz

Standard = Der Standard. Österreichische Tageszeitung, Wien

Täglich Alles. Wien

WDBl. = Wiener Diözesanblatt, Wien

Wiener Zeitung. Tageszeitung, Wien

WKZ = Wiener Kirchenzeitung, Wien

Namensverzeichnis